Verantwortungsvolle KI im E-Commerce

Michael Bernhard • Thorsten Mühling

Verantwortungsvolle KI im E-Commerce

Eine kurze Einführung in Verfahren
der Künstlichen Intelligenz
in der Webshop-Personalisierung

Springer Gabler

Michael Bernhard
epoq internet services GmbH
Karlsruhe, Deutschland

Thorsten Mühling
epoq internet services GmbH
Karlsruhe, Deutschland

ISBN 978-3-658-29036-8   ISBN 978-3-658-29037-5 (eBook)
https://doi.org/10.1007/978-3-658-29037-5

Die Deutsche Nationalbibliothek verzeichnet diese Publikation in der Deutschen Nationalbibliografie;
detaillierte bibliografische Daten sind im Internet über http://dnb.d-nb.de abrufbar.

Lektorat: Rolf-Günther Hobbeling

Springer Gabler ist ein Imprint der eingetragenen Gesellschaft Springer Fachmedien Wiesbaden GmbH
und ist ein Teil von Springer Nature.
Die Anschrift der Gesellschaft ist: Abraham-Lincoln-Str. 46, 65189 Wiesbaden, Germany

Inhaltsverzeichnis

1

Einleitung

Es ist nicht lange her, da rief der Begriff „Künstliche Intelligenz" bei den meisten Menschen fragende Blicke hervor. Nur bei Science-Fiction-Fans wurden Assoziationen zu Filmen wie „Matrix", „Terminator" oder „I-Robot" wach. Meistens tauchen in diesen Filmen übermenschliche künstliche Figuren oder Instanzen auf, die durch technischen Fortschritt die natürlichen Menschen geistig überrundet haben und nach Weltherrschaft streben. Diese Filme enden meist einem stereotypen Plot folgend damit, dass eine Handvoll besonders prädestinierter Menschen durch ihre bemerkenswerte Tatkraft, Kreativität und moralische Integrität die Gefahren der Maschinen bannen.

Vor etwa zwei Jahren wurde Künstliche Intelligenz (KI, auch Artificial Intelligence, AI) plötzlich gesellschaftsfähig. Dieser Zeitpunkt fällt in Etwa mit der Freigabe von Googles AI-Entwicklungssystem „Tensor Flow" zusammen. Seitdem geistert der Begriff KI intensiv durch die Medien, von den einen als Heilsversprechen gefeiert, von den anderen als Schreckgespenst gefürchtet. Besonders aus dem Umfeld des Silicon Valley kommen massive Zukunftsvisionen, bei denen die Entwicklung von künstlichem Bewusstsein nur eine Frage der akribischen Feinarbeit von hoch motivierten und talentierten Wissenschaftlern und Entwicklern

© Springer Fachmedien Wiesbaden GmbH, ein Teil von Springer Nature 2020
M. Bernhard, T. Mühling, *Verantwortungsvolle KI im E-Commerce*,
https://doi.org/10.1007/978-3-658-29037-5_1

darstellt. Natürlich werden solche provozierenden Vorstellungen begierig von den Medien aufgenommen, weiterentwickelt und gestreut.

Die meisten Experten aber, die die Entwicklung der KI aus ihrer eigenen Forschungs- und Entwicklungspraxis kennen, sehen dieses Themenumfeld pragmatischer. Diese Experten wissen, dass KI immer auf statistischen Verfahren aufbaut. Zudem ist KI nicht neu. Die wesentlichen Grundlagen wurden schon in den letzten Jahrzehnten des vergangenen Jahrhunderts gelegt. KI-Algorithmen können allerdings erst in jüngerer Zeit ihre Fähigkeiten, vor allem ihre Echtzeitfähigkeiten, voll entfalten, nachdem Prozessorleistung, Speicherkapazität, Vernetzungsgrad und verfügbare Datenmengen immens gestiegen sind.

Den wenigsten Menschen ist bewusst, dass auch, um den zweiten Teil unseres Themas aufzugreifen, im E-Commerce-Umfeld schon lange intensiv mit Methoden der Künstlichen Intelligenz gearbeitet wird. Diese Arbeit hat wenig mit dem momentan geschürten KI-Hype zu tun, bildet aber einen nicht zu unterschätzenden Erfolgsfaktor für einen Webshop. Chatbots, Dynamic Prizing und Personalisierung sind Beispiele für Bereiche im E-Commerce-Umfeld, in denen KI eine zunehmende Rolle spielt.

Wir werden uns in diesem Buch hauptsächlich dem Thema Personalisierung widmen, da diesem Thema bei Webshops eine besonders wichtige Rolle zukommt. Personalisierung ist wiederum ein Begriff, der viel Spielraum für Interpretation lässt. Unter Personalisierung im Webshop subsumieren sich Services, die von der persönlichen namentlichen Ansprache von Kunden bis zu sehr individuellen Produktempfehlungen reichen. Wir werden uns hier besonders mit diesen individuellen Produktempfehlungen beschäftigen, da diese ein klassischer Anwendungsfall für Künstliche Intelligenz sind.

Der Output eines Urgesteins dieser Empfehlungsservices ist inzwischen schon zum geflügelten Wort aufgestiegen. Es ist der von Amazon lange benutzte Satz: „Kunden, die dieses Produkt gekauft haben, haben sich auch für folgende Produkte interessiert …" Diese Phrase wird von einem Verfahren erzeugt, das sich „Collaborative Filtering" nennt. Dieses Verfahren gehört zur KI, ist aber, sofern man sich etwas damit beschäftigt, durchaus logisch nachvollziehbar.

Natürlich haben sich die Verfahren, die bei Produktempfehlungen zum Einsatz kommen, stark weiterentwickelt. Aus Empfehlungen sind heute personalisierte Empfehlungen geworden, die verstärkt KI-Verfahren einsetzen. Gute personalisierte Empfehlungen zu erzeugen wird, nicht ohne Grund, oft als „Rocket Science" angesehen. Dies liegt auch daran, dass personalisierte Empfehlungen optimalerweise eine Klasse von KI-Verfahren nutzt, die lernen können. Das bedeutet, dass diese Verfahren in der Lage sind, funktionale Zusammenhänge von Inputdaten auf vorgegebene Ausgangsdaten selbstständig abzubilden und etwas zu bilden, das man in der Fachsprache „Modelle" nennt.

Die bekannteste Gruppe dieser selbstlernenden Verfahren kennt man als sogenannte „künstliche neuronale Netze". Die Komplexität dessen, was diese Verfahren lernen können, ist inzwischen verblüffend. Sie können Strukturen in Bildern erkennen, Gesichter zuordnen oder Go-Spiele gewinnen. Das neue Zauberwort, das mit solchen Algorithmen verbunden wird, heißt „Deep Learning" und liefert die Nahrung für die teilweise ausufernden Zukunftsvisionen, mit denen wir über die Medien tagtäglich konfrontiert werden. Aber Deep Learning ist nicht bei jeder Problemstellung das Allheilmittel. Deep Learning ist auch nicht das einzige selbstlernende Verfahren. Gerade im Kontext der Personalisierung kommen ganz andere Algorithmen zum Tragen.

Personalisierung im Webshop beschränkt sich nicht nur auf Produktempfehlungen. Ebenso wichtig sind Verfahren, die einem Kunden helfen, ein gewünschtes Produkt im Webshop zu finden. Kunden erwarten diesen Service in jedem Webshop – meist präsentiert als kleines Texteingabefenster mit einer symbolischen Lupe. User erwarten inzwischen, dass sie nach Eingabe weniger, unter Umständen falsch geschriebener Wortfragmente relevante Ergebnisse erhalten, und das in Echtzeit. Diese Relevanz zu bieten ist eine große Herausforderung, zumal etliche Webshops zig Millionen Produkte anbieten. Wir sind diese hochqualitativen Suchen von Suchmaschinen gewöhnt. Wir erwarten sogar, dass solche Suchanfragen aus eingegebenen Wortfragmenten ohne Zeitverzögerung für uns relevante Ergebnisse liefern. Kaum jemand ist sich bewusst, wie viel Intelligenz und komplexe Technik in solchen Suchmaschinen steckt, genau so wenig, wie sich die meisten bewusst sind, welchen Irrsinn an technischer Komplexität sie mit ihrem Smartphone in den Händen halten.

1.1 An wen richtet sich dieses Buch?

Dieses Buch möchte auf der einen Seite einen Beitrag zur Nachvollzieh-barkeit der KI-Verfahren leisten, die im E-Commerce, speziell in der Personalisierung, zum Einsatz kommen. Es möchte etwas Ordnung in das Wirrwarr der Begrifflichkeiten bringen, indem die verschiedenen Verfahren plausibel gemacht und dadurch an ihren rechten Platz gerückt und gegenseitig in Beziehung gesetzt werden. Natürlich kann dies bei der riesigen Komplexität, den der KI-Bereich inzwischen aufweist, im gegebenen Rahmen nicht in aller Tiefe geschehen. Ein Ziel wäre erreicht, wenn der Leser bei E-Commerce-Themen wie z. B. Personalisierung eine Grundorientierung behält und dadurch die Dinge besser beurteilen kann.

Auf der anderen Seite geht es uns darum, ein Gesamtbild zu skizzieren. Wie gehen die vielfältigen Neuerungen zusammen? Wie beeinflussen sie sich, und wohin steuert das „Schiff Internet"? Wo zeichnen sich Trends ab, die einen Blick in die Zukunft erlauben, und wie ist das Thema „Künstliche Intelligenz" dabei involviert? Im Zentrum dieser Betrachtungen bleibt das Thema E-Commerce, aber wir werden sehen, dass die Entwicklungen von E-Commerce-Lösungen nicht isoliert betrachtet werden können. Unser Ziel ist es, einen Blick über den Tellerrand zu wagen und nicht nur die Frage zu stellen, wo die Neuerungen kurzfristigen Nutzen bringen, sondern besonders ein Augenmerk darauf zu haben, was das Ganze mit uns als Menschen macht.

Sie werden in diesem Buch nicht mit mathematischen Formeln gequält werden, obwohl Künstliche Intelligenz ausgesprochen viel mit Mathematik zu tun hat. Dafür werden wir uns um anschauliche Bilder bemühen, ohne dabei die Realität zu verfälschen. Der Leser wird in diesem Buch keine Abschnitte finden die sinngemäß lauten: „Mit diesem kleinen Trick steigern Sie ihre Conversion Rate um 3,8 %". Für Tipps und Tricks gibt es andere Quellen im Umfeld der Autoren.[1] Wir werden unser Ziel erreicht haben, wenn wir den roten Faden in puncto Künstliche Intelligenz und E-Commerce so spinnen können, dass er einen glaubwürdigen Pfad durch den Dschungel der Informationstechnologie markiert.

---

[1] Viele Tipps rund um das Thema Personalisierung findet man auf den Blog-Seiten der epoq IS GmbH: https://www.epoq.de/blog/. Zugegriffen am 30.10.2019.

Dieses Buch wurde von Experten verfasst, die sowohl seit vielen Jahren eigene KI-Verfahren entwickeln, als auch tagtäglich mit dem praktischen Einsatz dieser Verfahren bei Webshop-Kunden aus verschiedensten Branchen zu tun haben und den Erfolg dieser Verfahren in der Praxis bei den Kunden sicherstellen müssen. Deswegen wendet sich dieses Buch einerseits an Shopbetreiber, Planer, Entscheider und Fachkräfte im Webshop-Umfeld und alle, die es werden wollen. Auf der anderen Seite wollen wir Leser ansprechen, die beim Thema Künstliche Intelligenz für kritisch philosophische Reflexionen ansprechbar sind, und bereit sind, das Thema E-Commerce als exemplarische, technische Fundierung zu akzeptieren.

1.2 Der Aufstieg des E-Commerce

E-Commerce ist eine stark wachsende Branche. Es ist nur logisch, dass im Zeitalter der Digitalisierung auch der Handel einem starken Wandel unterworfen ist. Es ist auch für Kunden viel komfortabler, bequem von Handy, Tablet oder PC aus Waren zu bestellen und sich liefern zu lassen, als den zeitaufwendigen Weg in ein Ladengeschäft anzutreten. Vor allem kommen viele Webshops dem Kunden in Sachen Bequemlichkeit noch stark entgegen. Schnelle Lieferung und kostenloses Zurücksenden von Waren, die nicht passen, seien hier als Beispiel genannt.

Zusätzlich bietet die logistische Infrastruktur, auf die Webshops aufsetzen, immer mehr Komfort. Hier seien als Beispiel Sendungsnachverfolgung und kundenfreundliche Bezahldienste aufgeführt. Der Erwerb eines neuen trendigen Kleidungsstücks ist nur wenige Klicks auf dem Handy entfernt und man spart sich Parkplatzsuche, langsame Rolltreppen und Schlangen an der Kasse. Was früher florierende Warenhäuser waren, sind heute oft nur mehr Ausstellungsflächen, wo Kunden Produkte genauer in Augenschein nehmen, bevor sie diese dann über das Internet bestellen.

Dennoch steht die E-Commerce-Branche unter großem Konkurrenzdruck. Branchenriesen wie Amazon dominieren den Distanzhandel. Die anderen webshopbasierten Versandhändler sind dauernd dabei, Neues auszuprobieren, um z. B. durch immer höhere Servicequalität Kunden neu zu gewinnen und Bestandskunden zu halten. In diesem Zusammenhang spielen eben auch intelligente Personalisierung eine entscheidende Rolle, von der immer raffiniertere und effizientere Leistung gefordert wird.

Personalisierung steht hier als Überbegriff für alle Webshop-Services, die es einem Kunden ermöglichen, ein gewünschtes Produkt so schnell wie möglich zu finden und/oder dem Kunden wirkungsvolle Kaufanreize bieten, wobei jeder Kunde individuell behandelt wird. Man kann ohne Übertreibung sagen, dass inzwischen gute Personalisierung eine Wissenschaft für sich darstellt. Bei der konkurrenzgetriebenen Entwicklung der Webshops müssen sich entsprechende Personalisierungsservices sehr schnell weiterentwickeln. Es müssen neue Trends aufgenommen werden und entsprechend implementiert werden. Die dabei erforderlichen mathematischen Verfahren sind in aller Regel sehr komplex. Die Metrik, nach der solche Services vom Webshop-Betreiber beurteilt werden, bleiben aber letztendlich immer dieselben: Umsatz/Gewinnoptimierung und Reduzierung der Retouren. Man darf gespannt sein, wohin die Entwicklung des E-Commerce noch führen wird.

Einige Trends sind aber sehr deutlich zu erkennen. Vielen Kunden reicht die rein virtuelle Präsentation von Produkten, die sie gerne kaufen würden, nicht mehr. Sie möchten das eine oder andere Produkt vor dem Kauf direkt und haptisch in Augenschein nehmen. Dies führt dazu, wie oben schon kurz angedeutet, dass der stationäre Handel keineswegs „out" ist, sondern oft die Funktion einer Ausstellungsfläche, im Fachjargon Showroom genannt, für den angeschlossenen Webshop übernimmt. Dies funktioniert natürlich nur, wenn landesweit ein genügend großes und dichtes Netz von Filialen existiert, oder zu bestimmten Zeiten Ausstellungsflächen angemietet werden. Technisch bedeutet das, dass Webshops zunehmend multichannelfähig und Webshop und Filialen vollständig vernetzt sein müssen. Diese Anforderung gilt auch für die verwendeten Personalisierungsservices.

1.3 Vergleich E-Commerce und stationärer Handel

Vergleicht man E-Commerce und stationären Handel, so ist es nicht verwunderlich, dass es Parallelen, aber auch Unterschiede gibt. Die grundlegende Gemeinsamkeit ist natürlich, dass beides dazu da ist, Produkte möglichst erfolgreich an Kunden zu verkaufen. Die Wege, dies zu tun, sind allerdings völlig unterschiedlich. Während man im ersten Fall in der realen Welt agiert, ist das Vorgehen im zweiten Fall rein virtuell, mit allen Vor- und Nachteilen. Der Vorteil des stationären Handels ist sicher, dass man mit den Produkten in einem realen Raum haptisch in Berührung kommt. Ein Produkt ist physikalisch präsent, man kann es von allen Seiten betrachten, berühren und sieht meistens Alternativprodukte direkt in räumlicher Nähe.

In einem Onlineshop gibt es das nicht. Dafür habe ich sofort Fakten über ein Produkt präsent. Was in einem stationären Geschäft oft der zweite Schritt ist, nämlich, dass ich mir ein Prospekt über bestimmte Produkte geben lasse, um sie in Ruhe zuhause zu studieren, ist im Onlineshop immer der erste. Außerdem kann ich im Onlineshop losgelöst von den Einschränkungen der Materie viel schneller agieren, verschiedene Fakten vergleichen und das wichtigste, ich muss bei alledem meinen Körper keinen Millimeter bewegen, deswegen auch keinen Parkplatz suchen oder in einer nervigen Warteschlange an der Kasse verharren. Ich kann quasi bewegungslos von einem Laden in den nächsten wechseln und Google berät mich, wo ich was am günstigsten finde, während ich einen Kaffee trinke.

Aber es gibt natürlich beim Online-Shopping einen wichtigen Wermutstropfen. Es gibt keinen Verkäufer der im optimalen Fall auf mich eingeht, mich berät und vielleicht dabei auch noch nett lächelt. Dieses Fehlen des Verkäufers ist natürlich in der Online-Shopping-Welt kein Geheimnis. Deswegen sucht man nach Lösungen, um den fehlenden Verkäufer zu kompensieren. Vieles in diesem Buch wird von verschiedenen Kompensationen des fehlenden Verkäufers behandeln.

2

Künstliche Intelligenz

Wir wollen unsere Reise bei den Grundlagen beginnen. Wir wollen einen Beitrag dazu liefern, dass der Begriff Künstliche Intelligenz nicht als Worthülse gehandelt wird, die in allen möglichen Zusammenhängen auftaucht und deren Inhalt den meisten, die diese Worthülse benutzen, nicht bekannt ist. Bei einer immer größer werdenden Menge von neuen technischen Geräten scheint es ein „Muss" zu sein, dass in den Marketingbotschaften KI auftaucht.

Wir warten schon auf den Toaster, der mittels KI besonders gute Bräunungsergebnisse erzielen will und sich dabei auch noch individuell auf die Bedürfnisse seiner Benutzer einstellt. Dieses „sich individuell auf die Bedürfnisse der Benutzer einstellen", ist im Übrigen nichts anderes als Personalisierung. Wir ahnen schon eine Grundeigenschaft von personalisierender KI, nämlich, dass Daten nicht nur in Richtung Nutzer fließen, sondern im selben Maße vom Nutzer in Richtung Gerät, um Personalisierung zu ermöglichen. Bedenkt man, dass diese Geräte dann in den wenigsten Fällen eigenständige Endgeräte sein werden, sondern über das Internet mit einem externen Service verbunden sind, so kann man vermuten, dass die Nutzerdaten in vielen Fällen auch ohne Wissen der betroffenen Nutzer monetarisiert werden dürften.

© Springer Fachmedien Wiesbaden GmbH, ein Teil von Springer Nature 2020
M. Bernhard, T. Mühling, *Verantwortungsvolle KI im E-Commerce*,
https://doi.org/10.1007/978-3-658-29037-5_2

Dies soll nicht die Einleitung für eine Verschwörungstheorie sein. Denn man muss hier wirklich von Fall zu Fall unterscheiden. Es gibt Anbieter von KI, die sich strikt an die Wahrung von Datenschutz und Persönlichkeitsrechten halten. Es gibt allerdings auch schwarze Schafe, die oft auch eine marktbeherrschende Stellung einnehmen. Man muss zugeben, dass die Verteilung von ethisch verantwortlichen Anbietern und schwarzen Schafen auf der Weltkarte eine gewisse geografische Unwucht aufweist. Um sich ein Bild vom Zustand unserer Welt zu machen, was neue Technologien und Produkte betrifft, ist es umso wichtiger, ein Verständnis zu haben, wie KI funktioniert. Ohne dieses Wissen sind Bürger diesbezüglich Fake-Botschaften, die in die eine oder andere Richtung zielen, hilflos ausgeliefert und manipulierbar.

2.1 Was bedeutet Künstliche Intelligenz?

KI ist ein sehr allgemeiner Begriff. Dieser Begriff ist fast so allgemein wie die Begriffe „Internet" oder „Fortbewegungsmittel". Während man bei „Internet" aus der alltäglichen Praxis eine ungefähre Vorstellung hat, worum es sich handelt, haben die allermeisten Menschen dies heute bei „KI" noch nicht. Man weiß einigermaßen, was „Intelligenz" bedeutet und man hat eine Vorstellung von „künstlich", aber in der Kombination „Künstliche Intelligenz" wird die Einordnung dann doch recht schwammig. Dinge die man nicht so recht zuordnen kann, erzeugen Unwohlsein, Enthusiasmus oder Angst, je nach seelischer Disposition des Einzelnen, und schaffen einen optimalen Nährboden für Hypes, Spekulationen und auch Verschwörungstheorien. Was ist nun dran an den vielfältigen Erwartungen, die man in das Thema KI setzt?

Zudem umfasst KI ein großes Spektrum von Einsatzgebieten, in denen heute schon funktionstüchtige Lösungen existieren. Man sieht erst mal nicht, was ein intelligenter Roboterarm mit einem Gesichtserkennungssystem gemeinsam haben soll. Es ist eine Tatsache, dass KI-Systeme lernen können, was das öffentliche Interesse ankurbelt. Wir werden uns nach einigen allgemeinen Betrachtungen von der Basis aus an das Thema KI heranarbeiten.

2.2 Hype und Wirklichkeit

Wenn Mr. Data in einem der Star-Trek-Filme mit einem leichten Ruck seines Kopfes seinen „Emotionschip" deaktiviert, so rührt sich doch bei so manchem Zuschauer ein Unbehagen. Ist das, was wir hier sehen, prinzipiell ein reines Märchen, oder könnte es doch in Zukunft Wirklichkeit werden, alle geistigen und seelischen Eigenschaften, die einen Menschen ausmachen, auf Chips zu bannen?

Das Unbehagen wird noch vergrößert, da die Ära der Künstlichen Intelligenz offensichtlich jetzt mit aller Macht begonnen hat. Bei Star Trek gibt es wenigstens noch das romantische Element, dass Mr. Datas Gehirn zudem aus einer „Positronenmatrix" also aus Antimaterie besteht, was wahrscheinlich als transzendente Erklärung für Mr. Datas außerordentlich menschennahes Erscheinungsbild herhalten soll. Dies, am Rande bemerkt, hätte zur Folge haben müssen, dass man als Besatzungsmitglied der Enterprise in der permanenten Angst Leben müsste, dass einem Mr. Datas Gehirn fürchterlich um die Ohren fliegt. Aber ansonsten wäre dieser Umstand für die Funktionstüchtigkeit dieses Gehirns völlig irrelevant.

Aber dennoch, wenn alle Kräfte weltweit gebündelt werden, um Künstliche Intelligenz zu schaffen und die Algorithmen über das Internet in Echtzeit kooperieren, was kommt dabei in Zukunft heraus? Man darf annehmen, dass dieses neue intelligente Internet unsere Welt nochmal grundlegend verändern wird. Vor allem die Gesamtentwicklung hat System. Erst wurde vor einiger Zeit „Big Data" zum großen Thema erhoben, mithin eine Entwicklung, die die Voraussetzungen für den Siegeszug von Künstlicher Intelligenz, wie wir sie allgemein heute verstehen, geschaffen hat. Dann tauchte plötzlich der KI-Hype wie aus dem Nichts auf. Inzwischen sprechen alle Politiker von Künstlicher Intelligenz, dieselben Politiker, von denen die meisten auf diesen Begriff vor nicht allzu langer Zeit noch mit völligem Unverständnis reagiert hätten. Wir werden hier nicht darauf eingehen, ob diese Entwicklung die natürliche Entwicklung der Menschheit widerspiegelt, oder ob von einflussreichen Kräften, die einen dezidierten Plan verfolgen, etwas nachgeholfen wurde. Wir werden aber im Kapitel über „Deep Learning" noch einmal auf bestimmte Aspekte dieser Entwicklung zurückkommen.

Die Wirklichkeit ist, dass die neue Sprosse auf der Stufenleiter der technologischen Entwicklung das Gesicht unserer globalen Gesellschaft noch einmal grundlegend verändern wird, so wie es die vorherigen Stufen wie Internet 2.0 oder Big Data auch getan haben. All diese Stufen haben sich als Hype präsentiert. Wie die Welt in ein paar Jahren aussehen wird weiß niemand. Es wird wohl ein Internet geben, das zunehmend auf Erkenntnissen aus immer mehr Daten basiert und auch neue Arten von bedeutungszentrierter Interaktivität bietet. Es wird aber auch ein Internet sein, das noch mehr auf persönliche Daten der einzelnen User zugreifen wird, denn die Intelligenz der Algorithmen kann solche Daten z. B. auf der Basis von Nutzerverhalten generieren.

Die Frage „Fluch oder Segen" ist dabei falsch gestellt. Die Antwort wird sein „Fluch und Segen", wobei der jeweilige Anteil von Fluch und Segen stark vom Ernstnehmen ethischer Grundsätze abhängen wird. Der Bereich Künstliche Intelligenz ist dabei nicht vom „Rest", sprich politischen und wirtschaftlichen Entwicklungen, abzutrennen. Es gibt Wissenschaftler, die sprechen vom jetzigen Erdzeitalter nicht mehr vom „Antropozaen", also von der Ära des Menschen, sondern vom „Kapitalozaen", dem Zeitalter des Kapitals.[1]

Das Thema „künstliches Bewusstsein" und verwandte Visionen, also das, was unter dem Begriff „starke KI" gebündelt wird, wollen wir entspannt in das Reich der Science Fiction verbannen, wobei die Betonung auf Fiction liegt. Es gibt genug Gründe, das zu tun, die allerdings den Rahmen dieses Buches bei Weitem sprengen würden. Allerdings spielen dabei soziale Netze eine Sonderrolle. Wir werden auf diese weiter unten mit einem ganz besonderen Blickwinkel kurz eingehen. Zunächst werden wir uns mit den technischen Grundlagen der Künstlichen Intelligenz beschäftigen.

---

[1] Siehe dazu Vorträge von Harald Lesch z. B. auf YouTube: „Die Menschheit schafft sich ab" https://www.youtube.com/watch?v=gMRnowgpGig.

2.3   Grundlagen der Künstlichen Intelligenz

2.3.1   Daten und Metadaten

Auch Künstliche Intelligenz gehört zum großen Feld der Datenverarbeitung. Wie dieser Begriff schon nahelegt, spielen dabei Daten eine entscheidende Rolle. Was Daten aber im Grunde sind, ist gar nicht so einfach zu beantworten. Erst mal verbindet man mit dem Begriff „Daten" im Gegensatz zu Begriffen wie „Meinungen", „Ideen" oder „Gefühlen" Objektivität. Daten spiegeln Fakten wider. Fakten sind mit objektiven Methoden reproduzierbar, zumindest im Prinzip. Daten müssen sich in eine Abfolge von Einsen und Nullen abbilden lassen, sonst wären sie durch einen Computer nicht zu verarbeiten. Eine Abfolge von Einsen und Nullen ist eine binäre Repräsentation einer Zahl.

Wir sehen auf Bildschirmen aber nicht nur Zahlen. Es gibt Texte, Bilder, Videos und noch einiges mehr. Das bedeutet, eine Abfolge von Einsen und Nullen, die eine Zahl repräsentiert, sind noch keine Daten. Was noch fehlt ist etwas, was einer Abfolge von Nullen und Einsen eine Bedeutung zuordnet wie „die nachfolgende Zahl bedeutet ein alphanumerisches Zeichen" oder „die nachfolgenden Zahlen definieren die Farbwerte eines Bildes, angeordnet in einem rechteckigen Schema". Diese Bedeutungszuordnungen nennt man Metadaten. Daten bestehen also immer aus einer oder mehreren Zahlen, die direkt mit einer Bedeutungsdefinition verknüpft sind. Der Inhalt von Daten besteht aber immer aus Zahlen. Das bedeutet, Daten, die irgendetwas aus unserer Realität abbilden, beinhalten also immer messbare Größen, also etwas, das sich direkt oder indirekt in Zahlen übersetzten lässt. Dies gilt immer auch, wenn der Zusammenhang mit Zahlen, wie z. B. bei Adressen, nicht immer offensichtlich ist.

Mit Zahlen kann man rechnen, Computer können das besonders gut. Daten können sich immer nur auf Phänomene unserer Welt beziehen, mit denen man rechnen kann. Wie groß der Anteil der Phänomene in unserer Welt ist, mit denen man rechnen kann, ist Glaubenssache, daran scheiden sich die Geister. Es gibt aber offensichtlich ziemlich viel in unserer Welt, mit dem man rechnen kann.

Zurück zu den Grundlagen. Ein einzelnes Datenelement kommt in der Datenverarbeitung ziemlich selten vor. In den meisten Fällen werden verschiedene Daten zu etwas Übergeordnetem zusammengefasst, das man in der Fachsprache Objekte nennt. Eine Adresse oder ein Video sind Beispiele für solche Objekte. Eine Adresse besteht aus Vornamen, Namen, Anschrift etc. ein Video besteht aus Titel, einem Format, einer Abfolge von Bildern und einer Tonspur, wobei z. B. jedes Bild und die Tonspur selbst wieder Objekte darstellen. Objekte sind also meistens hierarchisch, das heißt, ihre Teile sind selbst wieder Objekte.

Gott sei Dank unterstützen alle modernen Programmiersprachen Objekte, sodass Softwareentwickler sich über diese Details wenig Gedanken machen müssen.

In Hinblick auf das Thema Künstliche Intelligenz ist allerdings ein besonderer Typ von Objekten von besonderem Interesse. Diese Objekte beschreiben etwas aus der Realität als eine Liste von zugeordneten Eigenschaften. Betrachten wir, um dies zu erläutern, ein Produkt in einem Webshop. Die Datenrepräsentation einer Jeans beinhaltet z. B. einen Produktnamen, eine Produktkategorie, eine Marke, eine Größe, einen Preis, eine Farbe und vieles mehr.

Die einzelnen Daten, wie Produktname, Marke, Preis etc. nennt man Felder oder Attribute. Das Objekt, das alle Attribute eines Produkts enthält, nennt man im Bereich der Künstlichen Intelligenz einen Feature-Vektor. Enthält jedes Produkt die gleichen Felder (natürlich mit verschiedenen Inhalten), besteht also aus einer Menge von gleichartig strukturieren Feature-Vektoren, so kann man alle Produkte als Tabelle anordnen. Tabellen sind z. B. auch die Grundlage von Excel. In einer Excel-Datentabelle sieht man den Zusammenhang von Daten und Metadaten sehr schön. Die Metadaten stehen in der ersten Zeile und beschreiben, was die Zahlen, Zeichenketten, Datumswerte etc. in der jeweiligen Spalte darunter bedeuten. Weiter oben haben wir behauptet, mit Daten kann man rechnen. Wie aber soll man mit Zeichenketten sinnvoll rechnen?

2.3.2 Numerische und kategoriale Felder

Mit Feldern, die Zahlen beinhalten, zum Beispiel den Preis eines Produkts, lässt sich einfach rechnen. Solche Felder werden numerische Felder genannt. Man kann ohne Probleme z. B. den Durchschnittspreis einer Menge von Produkten berechnen. Man kann einen minimalen Preis und einen maximalen Preis ausrechnen. Aber wie sieht es mit Feldern aus, die einen Text z. B. eine Farbe beinhalten? Solche Felder werden kategoriale Felder genannt. Es macht offensichtlich keinen Sinn, einen durchschnittlichen Farbnamen zu berechnen. Dennoch beinhalten Produktdaten viele kategoriale Felder, wie Produktname, Marke, Produktkategorie und auch Farbe. Es muss auch einen Weg geben, mit diesen Informationen sinnvoll zu rechnen.

Wenn man etwas nachdenkt, bemerkt man, dass die einzelnen Ausprägungen eines kategorialen Feldes so etwas sind wie Felder, die jeweils nur den Wert „wahr" oder „falsch" annehmen können. Solche Felder nennt man binäre Felder. Sie lassen sich leicht in numerische Felder übersetzen, wenn man „wahr" dem Wert 1 und „falsch" dem Wert 0 zuordnet. Kategoriale Felder bilden also selbst einen eigenen Feature-Vektor, der als Felder alle Ausprägungen eines kategorialen Feldes enthält. Randbedingung dabei ist, dass in jedem Feature-Vektor jewcils nur ein Feld den Wert „wahr" enthalten darf. Machen wir ein Beispiel: Der Feature-Vektor für die Farbe eines Produkts besteht also aus den Unterfeldern mit Namen „rot", „grün", „blau", „schwarz" usw. Ist also ein Produkt schwarz, dann hat nur das Feld „schwarz" im Farbvektor den Wert 1, alle anderen Werte müssen 0 sein.

Man sieht, kategoriale Felder machen Arbeit. Vor allem wird klar, dass man Daten mit kategorialen Feldern einer Vorverarbeitung unterziehen muss, bevor man mit ihnen rechnen kann. Man muss die kategorialen Feature-Vektoren erst erzeugen, und dazu muss man in den Rohdaten, in denen im Feld Farbe z. B. „schwarz", „blau" etc. steht, erst mal zählen, welche Ausprägungen für ein Feld überhaupt vorkommen. Wir wollen den Leser mit weiteren Details verschonen. Wichtig ist nur, dass Daten vorverarbeitet werden müssen, bevor man sie im Kontext der Künstlichen Intelligenz bearbeiten kann. Nach diesem Grundlagenexkurs wollen wir uns direkt grundlegenden Begriffen der Künstlichen Intelligenz zuwenden. Denn wir haben noch einen weiten Weg vor uns.

2.4   Was sind selbstlernende Algorithmen?

Eines der bemerkenswertesten Eigenschaften der Künstlichen Intelligenz ist, dass sie mit selbstlernenden Algorithmen arbeitet. Wie wir noch sehen werden, sind selbstlernende Algorithmen nur die halbe Miete, wenn wir Künstliche Intelligenz für Aufgaben im Webshop verwenden wollen, aber sie sind für diese Aufgaben unentbehrlich.

2.4.1   Künstliche neuronale Netze

Selbstlernende Algorithmen werden in aller Regel mit sogenannten künstlichen neuronalen Netzen in Verbindung gebracht. Es gibt noch andere selbstlernende Algorithmen, die wir aber erst mal nicht in Betracht ziehen werden. Was ist ein künstliches neuronales Netz? Nimmt man das biologische Gehirn auseinander, so findet man dort Zellen mit verschiedensten Fortsätzen, Neuronen genannt, die netzartig über ihre Fortsätze, scheinbar regellos, miteinander verknüpft sind. Reinigt man eine solche Struktur mittels Abstraktion von ihren biologischen Eigenheiten und ordnet das Ganze sauber an, so bekommt man etwas, das man grafisch als mehrere übereinanderliegenden Ebenen von Kreisen darstellen kann (Abb. 2.1).

Jedes dieser Kreise stellt ein Neuron dar. Jedes Neuron einer Ebene ist dabei mit vielen Neuronen der nächst niedrigeren Ebene verbunden, was man durch eine Verbindungslinie darstellt. Normalerweise haben wir oben sehr viel weniger Neuronen als unten. Warum das so ist, werden wir noch erklären. Nur die oberste und die unterste Ebene haben jeweils Verbindung nach außen.

Die äußeren Verbindungen der untersten Ebene bilden dabei den Input des neuronalen Netzes, die der obersten Ebene den Output. Die Anzahl der Schichten zwischen Ein- und Ausgang variiert, je nach Aufgabenstellung. Diese inneren Schichten werden Hidden Layers genannt.

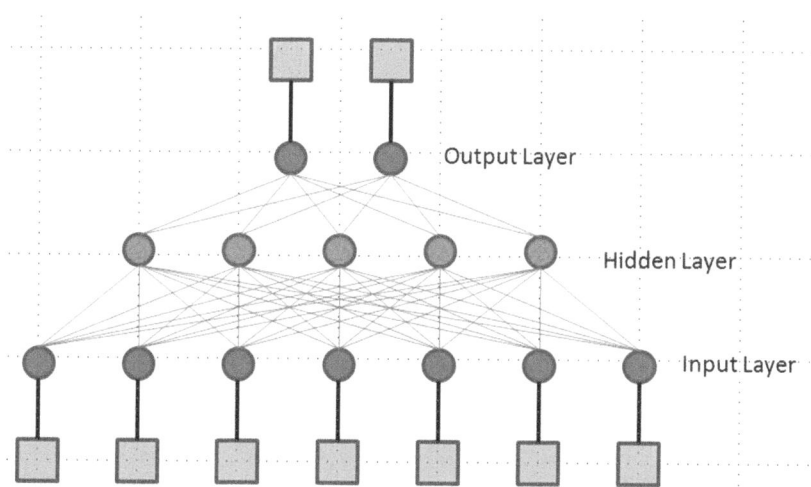

Abb. 2.1 Struktur eines künstlichen neuronalen Netzes (Backpropagation Network)

Dieses Etwas, das wir gerade beschrieben haben, kann man leicht im Programmcode abbilden und hat dann fast schon ein funktionierendes künstliches neuronales Netz. Also wir bauen jetzt exemplarisch ein solches neuronales Netz, welches in unserem Fall in der obersten Ebene nur ein einziges Neuron, also einen einzigen Output hat. Was ich nun möchte, ist Folgendes: Ich lege eine Reihe von Messwerten in Form einer Zahlenreihe an den Input des neuronalen Netzes an, wobei jedes Neuron in der untersten Ebene genau für einen bestimmten Messwert zuständig ist.

Wählen wir ein konkretes Beispiel: Die Messwerte sind der Gesamtumsatz eines Webshop-Kunden im letzten Jahr, das Verhältnis der gekauften Warenkörbe im Verhältnis der stehen gelassenen Warenkörbe, der Gesamtwert des aktuellen Warenkorbs, die Anzahl der Produkte im aktuellen Warenkorb und noch einige berechnete Werte mehr. Wir erwarten jetzt, dass unser neuronales Netz am Output ein Signal liefert, das anzeigt, ob der Kunde den Warenkorb kaufen wird oder nicht. Dabei soll das neuronale Netz den Zusammenhang zwischen Inputdaten und Outputdaten lernen.

Dazu muss unser neuronales Netz trainiert werden. Das bedeutet, ich präsentiere dem Netz die beschriebenen Messwerte aus vielen verschiedene Warenkörben, zusammen mit der Information, ob der Warenkorb gekauft wurde oder nicht, aus den realen Vergangenheitsdaten der Kunden. Ich erwarte, dass das neuronale Netz den Zusammenhang zwischen Input und Output lernt. Wie gut der Lernerfolg in der Praxis dann sein wird, ist eine ganz andere Frage. Wie macht unser Netz das?

2.4.2 Ist ein alter Sessel intelligent?

Stellen Sie sich einen alten Sessel vor, wie er öfters im Sperrmüll auftaucht. Dieser hat, davon abgesehen, dass er abgewetzt ist, keine gleichmäßige Sitzfläche mehr, sondern es hat sich in der Sitzfläche eine Kuhle gebildet. Diese Kuhle repräsentiert ein abstraktes, dreidimensionales Negativbild aller Gesäße der Personen, die auf diesem Sessel gesessen haben. Wir behaupten nun, der Sessel hat dieses Profil gelernt. Das mag erst mal absurd klingen. Aber wir hoffen zu zeigen, dass es da mehr Parallelen zum Lernen künstlicher neuronaler Netze gibt, als man zuerst glauben mag.

Stellen wir uns vor, die Sitzfläche des noch neuen Sessels würde durch ein Raster virtuell in lauter kleine Rechtecke unterteilt. Setzt sich nun jemand auf den Sessel, so wird jedes dieser kleinen Rechtecke entsprechend dem Gewicht, das auf ihm lastet, mehr oder weniger stark nach unten gedrückt. Diese Rechtecke sind zwar elastisch, das heißt, steht die Person wieder auf, so schnellt das gedachte Rechteck wieder in seine Ausgangsposition zurück, aber nicht ganz. Es wird proportional zum Druck, der auf ihm gelastet hat, einen mikroskopischen Betrag tiefer liegen. Je nach Person, Sitzposition und Sitzdauer werden die einzelnen Rechtecke unterschiedlich belastet und so bildet sich mit der Zeit die besagte Kuhle aus.

Ganz ähnlich adaptieren sich im Prinzip neuronale Netze. Diese Netze haben intern Variablen, die man Gewichte nennt. Ersetzt man nun den Druck auf die Sesselsegmente durch die Stärke der einzelnen Inputsignale, so werden sich die Gewichte, die Zahlenwerte sind, gemäß einer Vorschrift, die man Hebb'sche Regel nennt, bei jedem neuen Inputsignal, das ja auch eine Zahl ist, ein ganz klein wenig in Richtung des angelegten

Inputsignals bewegen. Bei dem weiter oben beschriebenen Netztyp sitzen die Gewichte in den Verbindungen zwischen den Neuronen. Das soll uns hier aber nicht weiter stören, denn Sinn und Zweck dieses Abschnitts ist, eine Eselsbrücke für die adaptiven Eigenschaften von neuronalen Netzen anzubieten.

Was machen nun die Neuronen in den höheren Ebenen? Um auf unser Beispiel zurückzukommen, haben wir ja schließlich noch das Outputsignal und es soll der Zusammenhang zwischen den Inputsignalen und dem Outputsignal gelernt werden. Dazu muss man noch wissen, dass jedes Neuron einen inneren Zustand besitzt, der natürlich ebenfalls eine Zahl ist. Dieser innere Zustand berechnet sich aus der leicht modifizierten gewichteten Summe aller Zustände der Neuronen der nächst tieferen Schicht, mit denen ein Neuron verbunden ist. Die Gewichtung stammt von den oben erwähnten Gewichten. Wenn wir jetzt z. B. die Messwerte eines Kunden als Inputsignale an das neuronale Netz angelegen, so wird am Anfang irgendein Wert – denn die Gewichte sind am Anfang Zufallswerte – am Output herauskommen. Der Wert des Outputsignals entspricht im Übrigen dem inneren Zustand des Outputneurons.

Wir müssen noch wissen, dass natürlich die Information „kauft", „kauft nicht" in Zahlenwerte übersetzt werden muss, praktischerweise in 0 und 1. Der Wert, der am Output herauskommt, nennt man auch Zielvariable. Also in den wenigsten Fällen wird das Outputsignal, mit anderen Worten, die Zielvariable, gleich richtig herauskommen. Nehmen wir an, das Outputsignal beträgt 0,2, obwohl der Kunde gekauft hat. Der rechnerische Fehler beträgt also 0,8.

Nun hat man eine intelligente Formel entwickelt, die einem sagt, wie viel jedes einzelne Gewicht in den Verbindungen zwischen den Neuronen zu dem Gesamtfehler beigetragen hat. Schlussendlich wird jedes Gewicht entsprechend unserer Sesselanalogie entsprechend seinem Fehler ein klein wenig korrigiert. Nach vielen einzelnen Trainingsschritten lernt so das neuronale Netz den Zusammenhang zwischen Input- und Outputdaten, natürlich nur wenn ein solcher tatsächlich besteht. Ein Netztyp, der die oben skizzierte Struktur hat und seine Gewichte anhand der gemachten Fehler justiert, nennt man in der Fachsprache ein Error Backpropagation Network.

Ganz entscheidend ist nun, dass das neuronale Netz nach dem es ausgelernt hat, nicht nur die richtigen Outputsignale für die Daten, die es bereits gesehen hat, liefert, sondern auch für alle neuen Daten. Außerdem wird ein solches Netz niemals hundertprozentig richtige Ergebnisse liefern. Natürlich gibt es Methoden, um die Prognosegüte für neuronale Netze zu bestimmen wie wir noch sehen werden. Die meiste Zeit verbringen Entwickler von neuronalen Netzen für bestimmte Aufgabenstellungen damit, wieder und immer wieder die Prognosegüte der Netze zu validieren, nachdem sie leichte Veränderungen an den Netzen vorgenommen haben. Es lernt sich also bei Leibe nichts von selber, wenn wir die Ebene biologischer Systeme verlassen haben.

Die Frage, warum die Anzahl der Neuronen im Outputlayer weniger sind als im Inputlayer beantwortet sich fast von selbst. Wir wollen eine Vielzahl von verschiedenen Inputdaten auf eine einzige Information – kauft, kauft nicht – abbilden. Solche neuronalen Netze nennt man Klassifikatoren. Sie ordnen die unterschiedlichsten Kombinationen von Inputdaten verschiedenen Klassen zu, in unserem Beispiel der Klasse von Käufern und Nicht-Käufern.

Wir wollen an dieser Stelle noch andere wichtige Begriffe platzieren. Eine Liste von Daten, deren Elemente eine feste Bedeutung haben, nennt man in der Informationsverarbeitung einen Feature-Vektor. Die einzelnen Zeilen in einer Excel-Tabelle bilden beispielsweise, formal gesehen, einen Feature-Vektor. Algorithmen, die einen Feature-Vektor in einen anderen Feature-Vektor transformieren können, dessen Elemente eine andere Bedeutung besitzen, nennt man Modelle. Modelle sind ein zentraler Begriff in der Künstlichen Intelligenz. Klassifikatoren sind Modelle. Da der Output eines Modells formal dieselbe Struktur, nämlich die Struktur eines Feature-Vektors, hat, kann man Modelle hintereinander schalten. Dieser Sachverhalt wird sich z. B. im Zusammenhang mit Deep Learning noch als sehr wichtig herausstellen.

2.4.3 Prognosegüte

Wie wir schon im letzten Abschnitt angedeutet haben, liefert ein neuronales Netz, also ein Modell, nicht automatisch eine optimale Prognosegüte. Um die Prognosegüte eines Modells, das in der Weise trainiert wurde, wie wir es im letzten Abschnitt beschrieben haben, zu bestimmen, nutzt man die sogenannte Validierung. Dazu teilt man die Menge der Vergangenheitsdaten in zwei Hälften. Die eine Hälfte nutzt man zum Trainieren eines Models, mit der anderen Hälfte überprüft man die Prognosegüte des Models. Dabei haben sich bestimmte Metriken als besonders sinnvoll herausgestellt. Bei Klassifikatoren trifft man stets auf eine sogenannte Confusion-Matrix. Diese Matrix ist aus vier Werten zusammengesetzt.

Ein Beispiel für eine Confusion-Matrix finden Sie in Abb. 2.2: Die durch Validierungsprozesse gebildete Confusion-Matrix bildet die Grundlage für die Abschätzung der Güte eines Prognosemodells.

Diese Matrix gibt, um in unserem Beispiel der Kaufprognose zu bleiben, nicht nur an, wie viele Käufer das Modell prozentual richtig erkannt hat, sondern auch, wie viele Nicht-Käufer fälschlicherweise als Käufer klassifiziert wurden. Es ist zum Beispiel sehr einfach, hundert Prozent der Käufer richtig zu klassifizieren. Dazu muss ich nur stereotyp behaupten, jeder Kunde sei ein Käufer. Im Gegenzug wird natürlich der Wert der als Käufer klassifizierten Nicht-Käufer maximal hoch sein. Aus diesem Grund sollte man mit Werbebotschaften aus dem Reich der KI wie „Mit dem neuen Verfahren XYZ können 95 % aller Krankheitsfälle richtig erkannt werden" äußerst vorsichtig umgehen.

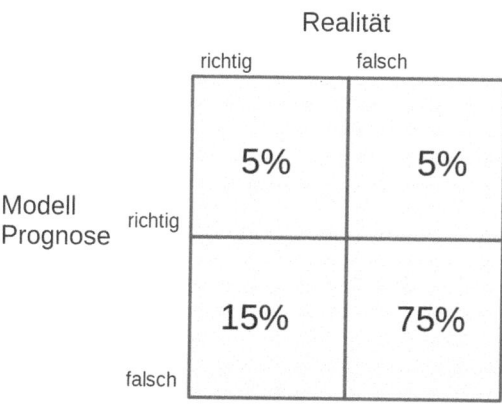

Abb. 2.2 Beispiel für eine Confusion-Matrix

Eine Matrix als Metrik zu verwenden ist in der Praxis nicht immer optimal. Man möchte lieber eine einfache Zahl haben, die einem die Prognosegüte eines Modells angibt. Diese Zahl, meistens Q genannt, kann man z. B. prinzipiell aus der Confusion-Matrix extrahieren.[2] Die Berechnung dieser Zahl ist allerdings abhängig von der Aufgabenstellung.

Zu diesem Zweck führt man sogenannte Kosten ein. Um das am Beispiel unserer Käuferklassifikation zu erläutern, denken wir uns ein Szenario aus, bei dem wir einem Webshop-Kunden durch einen Bonus zum Kauf seines Warenkorbs bewegen wollen. Dieses Szenario ist natürlich stark vereinfacht, denn wir würden den Bonus z. B. erst ab einem gewissen Warenkorbwert anbieten, aber wir wollen hier zeigen, wie sich prinzipiell so die Güte eines Modells ermitteln lässt.

Bieten wir einem Kunden den Bonus an, der sowieso vorhat, seinen Warenkorb zu kaufen, hätten wir den Wert des Bonus als Kosten. Der Teil der Confusion-Matrix, der angibt, wie viele Käufer vom Model als Nicht-Käufer klassifiziert wurden, multipliziert mit dem Wert des Bonus liefert also einen Beitrag zur Güte des Modells.

Dem entgegen steht der Faktor von Nicht-Käufern, die vom Model fälschlicherweise als Käufer klassifiziert wurden. Dieser Faktor multipliziert mit der Wirksamkeit des Bonus, also dem Faktor, wie viele Nicht-Käufer durch den Bonus in Käufer verwandelt werden können und dem durchschnittlichen Warenkorbwert bestimmt ebenfalls wesentlich die Güte des Models. Beide Werte addiert, liefern schließlich den besagten Q-Wert.

Ich möchte nochmal darauf hinweisen, dass dieses Szenario zu Erläuterungszwecken stark vereinfacht wurde. Würde man es genauso umsetzen, und das beginnt schon bei der Auswahl der Inputfelder für das Modell, hätte man in der Praxis aller Wahrscheinlichkeit nach wenig Freude. Auch die Wirksamkeit eines Bonus für einen Kunden ist keine Konstante.

---

[2] Es gibt noch andere Wege, dies zu tun. Oft kommen sogenannte „Liftkurven" zum Einsatz. Als weiterführende Information siehe z. B. https://www.quora.com/Whats-Lift-curve. Zugegriffen am 30.10.2019.

Im Prinzip müsste man die Wirksamkeit eines Bonus in Abhängigkeit vom Kundenverhalten modellieren. Wie man schon ahnt, ist das methodisch sehr schwierig. Ich erwähne das hier, um einen Eindruck zu vermitteln, mit welch schwierige Detailprobleme man sich bei KI, die Kundenverhalten modulieren soll, lösen muss.

2.4.4 Was beeinflusst die Güte eines Modells?

Im Wesentlichen sind hier drei Punkte zu nennen. Zum Ersten kann ein Modell nur Zusammenhänge lernen, wenn diese zwischen Inputdaten und Zielvariable überhaupt existieren. Dazu gehört auch, dass die Zielvariable nicht mit zu viel „Rauschen" überlagert ist.

Zum Zweiten ist natürlich die Wahl des richtigen Netztyps und dessen Parametrisierung entscheidend. Zur Parametrisierung gehört auch die Anzahl der inneren Neuronen, vorausgesetzt, man verwendet einen Netztyp wie oben in unserem Beispiel beschrieben. Für andere Netztypen gibt es analoge Parameter, die eingestellt werden müssen. An dieser Stelle wollen wir noch auf ein anderes Phänomen aufmerksam machen. Ein ganz wichtiger Punkt bei Modellen ist ihre Generalisierungsfähigkeit. Das bedeutet, dass wirklich der generelle Zusammenhang zwischen Input und Output gelernt wird, sodass die Güte des Models möglichst robust gegenüber Schwankungen der Inputdaten ist. Das wollen wir an einem klassischen historischen Beispiel erklären.[3]

Problem des Overfittins – Beispiel Pentagon

Das Pentagon wollte in den 1980er-Jahren getarnte Panzer über eine Bilderkennungssoftware erkennen. Dazu wurden jeweils hundert Fotos von getarnten Panzern in einer Landschaft und hundert Fotos von Landschaften ohne getarnte Panzer geschossen. Dann wurde ein aufwendiges neuronales Netzwerk mit einem Teil der Fotos trainiert. Den Rest der Fotos behielt

---

[3] Dieser Fall, der schon seit Langem in Fachkreisen für Schmunzeln sorgt, wird ausführlich in: *Neil Fraser, September 1998, https://neil.fraser.name/writing/tank/ beschrieben* – zuletzt zugegriffen am 30.10.2019.

man für die Validierung des Netzwerks zurück. Nachdem das Netzwerk trainiert wurde, was bei den damals verfügbaren Rechenleistungen wahrscheinlich eine Weile gedauert haben mag, validierte man dieses Netzwerk mit den zu diesem Zweck zurückgehaltenen Bildern, mit erstaunlichem Erfolg. Dadurch ermutigt, machte man neue Fotos von Landschaften mit und ohne Panzer und fütterte sie zum Zweck der Klassifizierung in das besagte neuronale Netzwerk. Das Ergebnis war niederschmetternd.

Was war der Grund für dieses Versagen? Es stellte sich heraus, dass alle Fotos ohne Panzer bei schönem Wetter und alle Fotos, auf denen ein Panzer zu sehen war, bei grauem Himmel gemacht wurden. Das neuronale Netzwerk identifizierte die Farbe des Himmels als das signifikanteste Merkmal, um zwischen Fotos mit und ohne Panzer zu unterscheiden.

Dieses Phänomen, wo in Inputvariablen die Zielvariable versteckt ist und sich das Netz dann auf diese Inputvariablen konzentriert, gehört zu einer Problemklasse, die man in der Fachsprache Overfitting nennt und die in der Praxis relativ viele Probleme verursacht. Dem dritten Punkt wollen wir einen Unterabschnitt widmen.

Vorverarbeitung der Daten

In den seltensten Fällen ist es ratsam, Inputdaten unverarbeitet direkt einem Modell zuzuführen, auch wenn das heute immer öfter gemacht wird.[4] Das hat zum einen tieferliegende mathematische Gründe, zum anderen kann man auch sehr anschauliche Erklärungen dafür finden. Nehmen wir wieder als Beispiel unser Modell, das die Kaufwahrscheinlichkeit eines Warenkorbs prognostizieren soll. Die direkten Inputdaten, die wir haben, sind die Warenkörbe der verschiedenen Kunden aus der Vergangenheit. Nun gibt es Kunden, die haben ein Produkt in ihrem Warenkorb, andere vielleicht zwei oder fünf. Wie wir oben schon gezeigt haben, benötigt ein Modell, wie wir es bisher betrachtet haben, wohldefinierte Feature-Vektoren mit gleichbleibender Struktur als Input, denn

---

[4] Als Beispiel sei hier Bildanalyse mit Deep Learning. genannt, wo die Pixel eines Bildes direkt vom neuronalen Netz bearbeitet werden.

das Modell hat eine feste Struktur und damit auch eine feste Anzahl von Inputneuronen. Wie wollen wir also eine variable Anzahl von Produkten im Warenkorb einem Modell zuführen? Gut, man könnte die maximale Anzahl von Produkten, die in allen Warenkörben vorkommt, bestimmen und die Zahl der Inputneuronen danach ausrichten.

Ein entscheidender Faktor kommt aber noch hinzu: Produkte können nur durch kategoriale Felder repräsentiert werden. Das bedeutet, für jedes Produkt würden n binäre Unterfelder hinzukommen, wobei n für die Anzahl der vom Webshop verkaufbaren Produkte steht. Nehmen wir weiter an, die maximale Anzahl von Produkten in allen Warenkörben wäre zehn, die Anzahle der verschiedenen Produkte, die man im Webshop kaufen kann, wäre hunderttausend. Das würde bedeuten, unser Modell benötigte eine Million Inputneuronen! Man muss kein Mathematiker sein, um zu sehen, dass das nicht gut funktionieren wird.

Also müssen wir Verfahren anwenden, die die Feldanzahl der Inputdaten für das Modell stark reduziert, ohne dabei die wesentlichen Informationen, in denen der zu lernende Zusammenhang zwischen Input und Output steckt, „wegzurationalisieren". Wie man schon ahnt, ist das keine leichte Aufgabe und vor allem keine Aufgabe, die man standardisiert nach festen Regeln durchführen kann. Der Bau guter Modelle ist eine Aufgabe für Spezialisten, die sowohl weitgehende mathematische Kenntnisse, als auch ein Verständnis für die zu lösende Problemstellung haben und die obendrein noch ein „besonderes Händchen" brauchen. Die richtige Vorverarbeitung zu finden, nimmt beim Modellbau eine entscheidende Rolle ein. Solche Spezialisten bezeichnen sich als Data Scientists und der Sport, den sie betreiben, ist unter dem Begriff Datamining bekannt.

2.4.5   Das Model hört mit: Reinforcement Learning

Im letzten Abschnitt haben wir gesehen, wie man Modelle aus bestehenden Vergangenheitsdaten bildet. Dies war früher der gängige Weg, Modelle zu trainieren. Im Online-Zeitalter mit Echtzeitverarbeitung wäre dieser Weg etwas schwerfällig. Zudem hat man herausgefunden, dass aus Vergangenheitsdaten gebildete Modelle, wenn sie in der Praxis eingesetzt wurden, in vielen Bereichen mit der Zeit immer schlechter wurden.

Dies ist eigentlich logisch, die Welt dreht sich weiter und das spiegelt sich auch darin, dass Datenzusammenhänge zeitlichen Änderungen unterworfen sind. Es ist plausibel, dass z. B. die spontane Bereitschaft, einen Schal zu kaufen, im Winter größer ist, als im Sommer. Diese Zeit- und Situationsabhängigkeit ist naturgemäß besonders groß, wenn man es mit menschlichem Verhalten zu tun hat und in unserem Zusammenhang ist genau dieses Verhalten interessant. Deswegen wünscht man sich Modelle, die sich dynamisch einem geänderten Verhalten anpassen. Die Methode, um dies zu erreichen, nennt sich Reinforcement Learning und ist inzwischen Standard bei vielen Modellen, die im Webshop eingesetzt werden.

Wie funktioniert Reinforcement Learning? Reinforcement Learning benötigt keine neuen Modellarchitekturen. Es verändert sich hauptsächlich nur die Art, wie Modelle trainiert werden. Während wir im klassischen Trainingsprozess, den wir weiter oben beschrieben haben, alle Datensätze auf einmal in das Model gefüttert haben, geschieht das beim Reinforcement Learning in kleinen Schritten. Dazu ist das Model in eine Echtzeitumgebung integriert. Nehmen wir wieder unser Beispiel neuronales Netz, welches prognostizieren soll, ob ein Kunde einen Warenkorb kaufen wird oder nicht.

An dieser Stelle werden wir einen weiteren Begriff kennenlernen, der sich Event nennt. Ein Event ist ein Ereignis, das zum Beispiel von einem Kunden im Webshop ausgelöst wird. Nehmen wir an, der Kunde klickt auf ein einzelnes Produkt, um dessen Produktdetailseite anzusehen. Dieser Klick löst einen sogenannten VIEW-Event aus, der ohne Zeitverzögerung über das Internet an den Service geschickt wird, der prognostizieren soll, ob der Kunde den Warenkorb kaufen wird oder nicht. Dieser Event trägt noch weitere Variablen mit sich, hauptsächlich aber eine sogenannte Produkt-ID, die eindeutig kennzeichnet, auf welche Produktdetailseite sich der Kunde gerade umschaut. Diese Events werden erst mal serverseitig gemerkt. Drückt nun der Kunde den „Kaufen"-Knopf, so wird ein sogenannter BUY-Event an den Service geschickt, der nun unverzüglich tätig wird. Der Service berechnet nun auf Basis der für den Kunden gemerkten Events in Echtzeit den passenden Feature-Vektor und führt am Model einen einzigen Trainingsschritt mit dem Zielvariablenwert „hat gekauft" aus.

Auf der anderen Seite, wenn der Kunde den Shop verlässt ohne zu kaufen, oder wenn eine festgelegte Zeitspanne abgelaufen ist, ohne dass der Kunde gekauft hat, wird der analoge Trainingsschritt mit dem Zielvariablenwert „hat nicht gekauft" durchgeführt. Man kann zeigen, dass ein ursprünglich „dummes" Model durch dieses Verfahren sehr schnell besser wird. Wie schnell hängt natürlich davon ab, wie viele Kunden pro Zeiteinheit den Webshop durchlaufen.

Vor allem ist ein so permanent weitertrainiertes Model flexibel gegenüber Änderungen des Nutzerverhaltens. Es bildet immer das momentane Nutzerverhalten ab. Natürlich braucht man auch Verfahren, die das Model mit der Zeit Zusammenhänge im Nutzerverhalten vergessen lassen, wenn diese Zusammenhänge eine gewisse Zeit zurückliegen. Das Model darf aber auch nicht zu schnell vergessen, sonst würde es durch kurzfristige Änderungen im Userverhalten zu sehr „abgelenkt" werden. Diese Details im Einzelnen zu erörtern, würde aber den Rahmen dieses Buchs sprengen.[5]

2.4.6   Die Familie der künstlichen neuronalen Netze

Das sogenannte Error Backpropagation Network haben wir ja schon kennengelernt. Mit untereinander verbundenen Neuronen kann man eine Menge mehr machen. Um einen Überblick zu bekommen, müssen wir auch darauf eingehen, dass es im Grunde zwei verschiedene Arten des maschinellen Lernens gibt.

---

[5] Eine sehr anschauliche Beschreibung von Reinforcement Learning im Kontext von E-Commerce findet man auch auf: https://www.epoq.de/blog/reinforcement-learning/. Zugegriffen am 30.10.2019.

Supervised versus Unsupervised Learning

In den vorherigen Abschnitten haben wir uns implizit auf ein Lernverfahren bezogen, dass man Supervised Learning nennt. Warum „Supervised"? Wir haben dem Model in jedem Lernschritt einen Feature-Vektor mit Inputdaten und gleichzeitig die dazugehörigen korrekten Zielvariablen präsentiert, damit das Netz den Zusammenhang zwischen Inputdaten und Zielvariable(n) lernen kann.

Es gibt aber genügend Aufgabenstellungen, wo wir zwar Inputdaten haben, aber keine dazugehörigen Zielvariablen. Das Verfahren, wo Modelle ohne bekannte Zielvariablen etwas lernen sollen, nennt man Unsupervised Learning. Die bekannteste Anwendung ist das sogenannte Clustering. Inzwischen hat sich auch der Begriff Segmentierung durchgesetzt. Man kann Clustering so verstehen, dass ein Cluster-Algorithmus die Aufgabe hat, selbstständig eine Ordnung in den Wust der Inputdaten zu bringen, zum Beispiel die Daten in n verschiedene Schubladen oder Klassen einzuteilen, sodass die Daten, die in einer Klasse landen untereinander in gewisser Weise sehr ähnlich sind. Ganz nebenbei ist jetzt ein Begriff gefallen, der Entwicklern von KI viel Kopfzerbrechen verursacht. Der Begriff der Ähnlichkeit kommt erst mal ganz harmlos daher, aber er hat es in sich (Abb. 2.3).

Die Ähnlichkeit von zwei Dingen zeigt sich in einer dreistelligen Relation. Das bedeutet, um die Ähnlichkeit von zwei Dingen zu bestimmen, brauche ich immer einen Kontext. Zwei Dinge sind sich immer in Bezug auf einen Kontext ähnlich, wie Abb. 2.3 demonstrieren soll. Cluster sind

Abb. 2.3 Welche Objekte sind sich ähnlich?

einfach zu bilden, wenn ich die Ähnlichkeitsmetrik der Inputdaten explizit kenne. Kenne ich sie nicht oder will ich diese explizit aus den Daten herausbekommen, so wird es schnell sehr kompliziert.

Cluster eignen sich aber auch hervorragend, um die Prognose oder Klassifikationsleistung von Modellen signifikant zu verbessern. Führe ich Inputdaten einem Clusteralgorithmus zu, so teile ich den Raum der Inputdaten in kleinere Bereiche ein, in denen sich die Inputdaten ähnlich verhalten. Ich kann jetzt für jeden dieser Teilbereiche ein eigenes lokales Prognosemodell bauen und werde dadurch in der Gesamtgenauigkeit um einiges besser sein, als würde ich ein globales Prognosemodell für alle Daten konstruieren.

Man könnte noch vieles sagen über verschiedene Netztypen und ihre Vor- und Nachteile. Was uns der letzte Abschnitt eigentlich sagen will ist, dass man neuronale Netze miteinander verkoppeln kann um spezielle Modelle für alle möglichen Aufgabenstellungen zu kreieren. Man kann regelrechte Architekturen aus einzelnen Modellkomponenten bauen, die dann immer anspruchsvollere Aufgaben erledigen können. Diese komplexen Modellarchitekturen können Erstaunliches leisten, wie wir im nächsten Abschnitt sehen werden.

2.4.7 Deep Learning

Deep Learning bezeichnet eine Erfolgsgeschichte und Renaissance von künstlichen neuronalen Netzen. Schon vor ca. dreißig Jahren gab es schon einmal einen Hype der vernetzen Neuronen. Dieser flaute aber wieder ab, da künstliche neuronale Netze bei den damalig verfügbaren technischen Möglichkeiten in der konkreten Lösung von Problemen nicht wirklich gegen andere Ansätze, wie z. B. regelbasierten Vorgehensweisen, bestehen konnten. Einen Vorläufer von Deep Neural Networks, so heißen die Netze, auf denen Deep Learning ausgeführt wird, haben wir bereits unter dem sperrigen Namen „Error Backpropagation Network" kennengelernt.

Auch Deep Learning unterscheidet sich nicht wesentlich von der Art und Weise, wie ein solches Error Backpropagation Network lernt. Es geht immer darum, den Gesamtfehler, den ein solches Netzwerk macht, wenn es Eingangsgrößen auf Ausgangswerte, deren Werte man kennt, transformiert, schrittweise zu minimieren. Dies geschieht während des sogenannten Trainingsprozesses. Was sind die offensichtlich erkennbaren Neuerungen bei Deep Neuronal Networks, gegenüber z. B. Error Backpropagation Networks?

- Zum Ersten bestehen sie aus sehr vielen Neuronen und sehr, sehr vielen Verbindungen zwischen den Einzelneuronen. Eine Million Neuronen bei einer Milliarde Verbindungen sind bei Deep Neural Networks durchaus gängig und Neuronen mit ihren Verbindungen werden mit der Zeit immer mehr.
- Zum Zweiten haben Deep Neural Networks eine erhebliche Anzahl von inneren Schichten, den sogenannten Hidden Layers.
- Zum Dritten braucht man, um solche Netze in der Realität betreiben zu können, sehr leistungsfähige, schnelle Hardware.
- Zum Vierten benötigt man sehr viele Trainingsdaten. Denn je mehr Verbindungen sich zwischen Neuronen wären des Trainingsprozesses adaptieren müssen, desto mehr Trainingssätze werden benötigt. Man erkennt, dass Big Data eine Voraussetzung für Deep Learning schafft und Deep Learning gewissermaßen die nächste Stufe von Big Data ist.

2.4.7.1 Semantische Hierarchien

Um wirklich ein wenig Verständnis zu gewinnen, was bei Deep Learning Entscheidendes passiert, müssen wir uns eingehender mit den „inneren Werten" von Deep Neural Networks auseinandersetzen. Es ist plausibel, dass viele Einzelneuronen ein komplexes Klassifikationsproblem besser lösen können, als wenige. Ein Netz aus vielen Neuronen kann sich besser an komplexe Datenzusammenhänge anpassen als ein Netz mit weniger Neuronen, so wie sich kleine Fliesen besser an die Form einer Badewanne anpassen als große. Aber ein Deep Neural Network besteht nicht aus einer riesigen Menge wirr verdrahteter Neuronen, sondern es hat eine innere Struktur von Ebenen. In diesen Ebenen realisiert sich eines der bemerkenswertesten, philosophischen Grundprinzipien von intelligentem Verhalten, das Prinzip der Abstraktion.

Wir könnten jetzt leicht den Rest dieses Buchs mit Gedanken zum Thema Abstraktion füllen. Denn Abstraktion ist ein Grundpfeiler unsers Denkens. Um zu verstehen, was diese Menschheit samt ihrer rasanten technisch-wissenschaftlichen Entwicklung da eigentlich macht, liefert der Begriff Abstraktion, wie wir denken, einen ganz wesentlichen Schlüssel. Nur sind wir zu einem Verständnis von Abstraktion gelangt, so wird dieses Verständnis wieder aus Abstraktionen bestehen. Wir können, wenn wir denken den Raum der Abstraktionen nicht verlassen. Wir werden hier versuchen, den Begriff Abstraktion anhand der Funktionsweise von Deep Neural Networks etwas zu veranschaulichen und sind uns bewusst, dass wir damit dieses Thema nur anreißen können. Veranschaulichung ist ein guter Weg, gewissermaßen Abstraktionen mit Leben zu füllen. Gleichzeitig sollten wir im Auge behalten, dass der Begriff Abstraktion ein viel größeres Terrain markiert, als das, was ein künstliches neuronales Netz leisten könnte.

Rufen wir uns zunächst den Begriff Klassifikator noch einmal ins Gedächtnis. Ein Klassifikator hat die Aufgabe, Feature-Vektoren, das sind Datensätze, die etwas als Menge von vielen Einzelmesswerten beschreiben, auf wenige essenzielle Ausgangswerte zu komprimieren. Nehmen wir als Beispiel an, der Feature-Vektor enthalte die einzelnen Pixel eines Bildes als Helligkeitswerte, als Ausgangswert erwarten wir einen Wert, der uns sagt, ob das analysierte Bild eine Katze darstellt oder nicht.

Das neuronale Netz wird dann im Trainingsprozess dazu gezwungen, von Ebene zu Ebene die Inputdaten so zu verdichten, dass am Ausgang die gewünschte Klassifikation herauskommt. Um zu erreichen, dass der Gesamtfehler des Netzes minimal wird, und darauf arbeitet der Trainingsalgorithmus immer hin, sollte das Netz intern eine semantische Hierarchie ausbilden.

Was nun ist eine semantische Hierarchie? Dies lässt sich gut am Beispiel unserer Sprache erläutern. Die kleinsten Einheiten unserer geschriebenen Sprache sind Buchstaben. Nutzt man ein Deep Neural Network zur Sprachverarbeitung, so wird der Feature-Vektor am Eingang aus einer Abfolge von Buchstaben bestehen.

Die nächste Hierarchiestufe in der Sprache sind Silben. Sie sind Kombinationen von Buchstaben. Ich verliere in der Regel keine Bedeutungsinformation, wenn ich eine Abfolge von Buchstaben in eine Abfolge von

Silben transformiere. Aber ich kann einen Satz sparsamer als Abfolge von Silben ausdrücken als mit einer Abfolge von Buchstaben.

Die nächste Stufe in dieser semantischen Hierarchie wären dann Worte, gefolgt von Sätzen. Bei Worten sieht man deutlich, was hier semantische Hierarchie genannt wird. Worte bilden eine Menge von Silbenkombinationen, wobei jedes dieser Kombinationen, also die einzelnen Wörter, eine Bedeutung trägt. Das Phänomen Sprache eignet sich zwar gut, um einen Eindruck von semantischen Hierarchien zu vermitteln, schafft aber auch Verwirrung in Bezug auf Abstraktion. Denn Worte sind auch eine Abstraktion von Dingen in unserer Welt auf einem sehr, sehr hohen Niveau. Die Tatsache, dass Worte hierarchisch durch Buchstaben und Silben gebildet werden, ist nur relevant, wenn wir eine fehlertolerante Texterkennung bauen wollen. Außerdem wollen wir uns hier bestimmt nicht im Dschungel der Sprachphilosophie verlaufen. Deswegen wenden wir uns lieber wieder Bildern zu, ebenfalls ein offensichtlich anschauliches Gebiet.

Auch Bilder haben semantische Hierarchien, die bei auf Deep Learning aufgebauten Bilderkennungssystemen genutzt werden. Diese wären zum Beispiel Kanten und Basisformen, komplexere Formen, Einzelobjekte, Gesichter. Welche hierarchischen Bestandteile sich herausbilden, hängt immer davon ab, was am Ende erkannt werden soll. Betrachten wir kurz die Ebene der Einzelobjekte, da Einzelobjekte für uns anschaulicher sind als Basisobjekte. Einzelobjekte bilden eine Abstraktion von Basisformen und damit eine Menge räumlich zusammenhängender Pixel.

Damit ein Einzelobjekt die Bezeichnung Abstraktion verdient, muss es eine ganz bestimmte Eigenschaft erfüllen. Es muss, wie man sagt, generalisieren. Was bedeutet das? Das bedeutet, dass zum Beispiel das Einzelobjekt „Nase" nicht eine ganz bestimmte Nase abbildet, sondern die Gemeinsamkeit der Menge aller Nasen umfasst. Erst dann ist das Einzelobjekt „Nase" eine echte Abstraktion. Wir können dieses Thema hier natürlich nur anreißen. Man kann durchaus anschauliche Begründungen finden, warum sich auf den einzelnen Ebenen, in der Fachsprache Layer genannt, sich echte Abstraktionen ausbilden müssen.[6]

---

[6] Diese in den Ebenen gebildeten Abstraktionen müssen aber nicht zwangsläufig für uns Menschen anschaulich sein.

Wie schon weiter oben erwähnt, bilden sich diese optimalen semantischen Hierarchien in den einzelnen Ebenen eines neuronalen Netzes in seltensten Fällen ganz von alleine heraus. Man muss auch die internen Neuronenverbindungen einer Ebene (die gab es bei den alten Backpropagation-Netzwerken noch nicht) vorstrukturieren. Dies hängt damit zusammen, dass die Anzahl von möglichen internen Substrukturen, die sich im Trainingsprozess herausbilden können, mit der Anzahl der Neuronen exponentiell wächst. Auch sehr viele Trainingsdaten reichen nicht aus, damit sich von selbst die optimale Struktur herausbildet. Es gibt eine erdrückend hohe Wahrscheinlichkeit, dass sich dieses neuronale Netz in einen suboptimalen Zustand hineinlaviert, aus dem es von selbst nicht mehr herauskommt.

Für Bild- und Sprachverarbeitung haben sich sogenannte Convolution Layer durchgesetzt, die dafür sorgen, dass ein Einzelneuron einer Ebene systematisch nur die Aktivität seiner nächsten Umgebungsneuronen berücksichtigt und gewissermaßen die topologische Dimension der Daten in den Aufbau der Ebenen einbaut.[7] Auf Convolution Layer aufgebaute Deep Neuronal Networks sind sehr leistungsfähig und feiern viele Erfolge in der Bild- und Sprachverarbeitung. Es gibt Anbieter von lokalen Suchmaschinen, deren Kernalgorithmus seit Jahren auf einem Convolution Layer Network beruht.[8]

2.4.7.2 Normierung

Wir wollen uns jetzt einer anderen, sehr interessanten Betrachtungsweise von Deep Neuronal Networks zuwenden. Denn mit der prinzipiellen Struktur von Deep Neuronal Networks hat man ein ziemlich universales Konzept gefunden, dass einem erlaubt, aus vielen Einzeldaten mit niedriger Informationsdichte wenige Einzeldaten mit hoher Informationsdichte zu machen. Hohe Informationsdichte bedeutet in diesem Zusammen-

---

[7] Bei Sprachanalyse werden die Ebenen eindimensional sein, bei Bilderkennung sind die Ebenen zweidimensional aufgebaut.

[8] Zum Beispiel nutzt die epoq is GmbH Karlsruhe ein sogenanntes Convolution Tree Network als Kernalgorithmus für ihre Produktsuchen.

hang: signifikante Bedeutung. Was wir für eine hohe Informationsdichte, also signifikante Bedeutung, halten, geben wir im überwachten Lernprozess dem Netz als Zielvariablen vor. So können wir erreichen, dass ein Pixelbild in die bedeutungsvolle binäre Variable transformiert wird, ob das Bild eine Katze darstellt oder nicht.

Das Deep Neural Network arbeitet dabei als stufenförmiger semantischer Datenverdichter. So wie ein Verdichter in einem Jet-Triebwerk stufenweise die Luft in ein immer enger werdendes Volumen zwingt und dabei den Druck erhöht, so zwingt ein Deep Neural Network die Daten, sich stufenweise auf das „Wesentliche" zu reduzieren und sich so auf die gewünschten Outputvariablen zu verdichten. Man hat also einen normierten Prozess gefunden, den man auf sehr viele verschiedene Aufgabenstellungen mit hoher Erfolgswahrscheinlichkeit anwenden kann, ohne den Prozess im Kern zu verändern. Diese Aussage hat große Konsequenzen.

Um dies zu verdeutlichen, müssen wir uns kurz mit einem zentralen Begriff auseinandersetzen, der eine immense Bedeutung für die technisch wissenschaftliche Entwicklung, eigentlich sogar für die Entwicklung des modernen Menschen im Ganzen hat. Dieser Begriff heißt Normierung. Betrachten wir uns exemplarisch die Entwicklung der Programmiersprachen. Damals, als Java Programmiersprachen wie C++ den Rang ablief, kam technologisch nichts grundlegend Neues hinzu. Alles was Java kann, kann man auch mit C++ realisieren. Jedoch bot Java Unterstützungen, die Entwicklern eine ganz andere Performance ermöglichte. Softwareentwicklung wurde durch Java performant und skalierbar. Der Aspekt der kollektiven Zusammenarbeit rückte mehr und mehr in den Vordergrund, ermöglicht vor allem durch normierte Funktionsbibliotheken und normierte Schnittstellen.

Normierte Schnittstellen sind ein grundlegender Schlüssel für den technischen Fortschritt in der Geschichte der Menschheit. Die Elektrizität konnte damals nur dank normierter Schnittstellen den Siegeszug in alle Haushalte antreten. Ohne normierte Steckdosen oder normierte Glühbirnenfassungen wäre das nicht möglich gewesen. Die Normierung betrifft nicht nur die äußere Form der Stromverbindungen sondern auch, was über die Leitungen transportiert wird, z. B. 240 Volt Wechselstrom mit einer Frequenz von 50 Hertz. Das Internet konnte sich nur dank des normierten TCP/IP-Protokolls entwickeln. Die zentrale Steuerung von verschiedenen Geräten wurde durch Schnittstellen wie USB vorangetrieben. Weit entwickelte Technologie als Grundpfeiler unserer heutigen Gesellschaften bezieht seine Macht durch die kollektive Zusammenarbeit von kleinen Einheiten, die über normierte Schnittstellen und normierte Protokolle miteinander kommunizieren. Das Zauberwort für diese rasante Entwicklung heißt Skalierung. Auf der anderen Seite haben wir normierte Prozesse. In der Menschheitsgeschichte gibt es so manche davon, die unsere Welt verändert haben: Sprechen, Kochen, Stricken, Ackerbau, Buchdruck, Autofahren. Man könnte die Reihe endlos fortsetzen.

Deep Neuronal Networks sind die konsequente Folge dieses technischen Leistungsparadigmas. Sie sind einerseits das Resultat des konsequenten Herunterbrechens von Datenverarbeitung auf normiert miteinander kommunizierende atomare Einheiten, den sogenannten Neuronen. Andererseits bilden sie mit ihren dazugehörigen Entwicklungssystemen[9] einen normierten Prozess der semantischen Datenverdichtung, der auf alle möglichen Daten nutzbringend angewandt werden kann.

2.4.7.3 Selbstorganisation

Nebenbei bemerkt, ein solches hoch vernetztes Kollektiv von kleinsten datenverarbeitenden Einheiten organisiert sich selbst, indem es dem Druck der angelegten Randbedingungen, das sind die Inputdaten zusammen mit den gewünschten Outputwerten, nachgibt und gewissermaßen einen inneren Zustand annimmt, der in Summe für alle Daten den geringsten Fehler macht. Der Fehler berechnet sich, wie wir schon gesehen haben, aus dem Unterschied des vom neuronalen Netz gelieferten Outputs zu den erwarteten Outputwerten.

---

[9] Eines der populärsten Entwicklungssysteme für Deep Learning Networks ist z. B. „Tensor Flow" von Google. Solche standardisierten Entwicklungssysteme führen dazu, dass sich eine große Community von Deep-Learning-Entwicklern bildet, ähnlich wie im Fall von Java, bei dem z. B. das Entwicklungssystem „Eclipse" zum sprunghaften Anstieg von Java-Entwicklern geführt hat.

Dieselben Mechanismen, wie sie im abstrakten Raum der künstlichen neuronalen Netze greifen, findet man überall in der Natur. Man muss nicht gleich biologische Gehirne als Veranschaulichung heranziehen. Ein Felsen nimmt durch Erosion genau die Form an, die den verschiedenen Winden im Durchschnitt den geringsten Widerstand bietet.

Denn physikalische Festkörper sind laut Physik Vielteilchensysteme, in denen die kleinsten Einheiten, seien es Atome oder Moleküle, untereinander mit Kräften verbunden sind. Diese Kräfte sind für die sogenannte Wechselwirkung zuständig. Solche Systeme nehmen stets eine Struktur an, sodass ihre Gesamtenergie im Einfluss der von außen angelegten Kräfte minimal wird. Die Winde „trainieren" gewissermaßen den Felsen (Abb. 2.4). Wir haben die Wirkmechanismen schon am Beispiel eines alten Sessels erläutert. Das Analogon zur Energie bei physikalischen Systemen ist der Fehler bei neuronalen Netzen. Das Analogon zu den Kräften bilden die gewichteten Verbindungen zwischen den Neuronen.

Man findet im Übrigen auch Beispiele für das, was wir semantische Verdichtung genannt haben in der unbelebten Natur. Ein Beispiel ist ein

Abb. 2.4 Durch Erosion geformte Felsen. (Foto: Adam Skalecki)

Topf Wasser, den Sie auf einer Herdplatte erhitzen. Es werden sich im Topf ab einer gewissen Struktur ringförmige Konvektionsströmungen ausbilden, die den Energieabtransport von der Herdplatte maximieren. Diese Strömungen sind eine neue Struktur mit eigenen Regeln, die ihre eigenständige Existenz auf dem allgemeinen Kräftespiel der Wassermoleküle aufbauen, wie Worte als eigene Bedeutungsträger auf Buchstaben aufbauen. Man findet solche Phänomene überall in der Welt, sobald man sie einmal entdeckt hat. Von Tsunamis[10] bis hin zu Staus entdeckt man überall ähnliche Phänomene. Ein Zauberwort aus der Begriffskiste der Philosophen ist in diesem Zusammenhang „Emergenz". Emergenz bezeichnet das Auftauchen von neuen Phänomenen aus dem geregelten Zusammenspiel kleinerer Einheiten, Phänomene, die dann ihre eigenen Strukturen und Gesetzlichkeiten besitzen, die erst mal nichts mit den Gesetzen der kleineren Einheiten zu tun haben, aus denen sie aufgebaut sind. Zauberwort deswegen, da Emergenz offensichtlich ein ganz grundsätzliches Phänomen unseres Kosmos beschreibt.

2.4.7.4   Von Daten zum Weltmodell

Was bedeutet nun Deep Learning für die gesamte Internetlandschaft? Wie wir versucht haben darzulegen, ist Deep Learning ein Synonym für standardisierte Datenverdichtungsprozesse. Eine wachsende Gemeinde von Modellbauern, unterstützt von immer komfortabler werdenden Entwicklungssystemen, wird dafür sorgen, dass die durch Big Data angehäuften Datenberge zu bedeutungsvollen Aussagen komprimiert werden. Es wird sich eine neue Industrie der Datenveredelung entwickeln. Das Kapital der Zukunft werden nicht mehr nur Daten, sondern Modelle sein, die aus den vorhandenen Daten sinnvolle Schlüsse ziehen.

Rufen wir uns noch einmal die Definition eines Modells in Erinnerung. Ein Modell transformiert einen Feature-Vektor an seinem Eingang in einen anderen Feature-Vektor an seinem Ausgang. Was dazwischen

---

[10] Einen guten Einblick in die faszinierende Welt der Solitonen bietet https://imaginary.org/de/hands-on/solitonen-und-tsunamis. Zugegriffen am 30.10.2019.

passiert, können wir gerne als Black Box betrachten. Wir haben auch gesehen, dass neuronale und natürlich auch Deep Neuronal Networks formal der Definition eines Modells entsprechen. Modelle können also, da
sie im Prinzip normierte Bauteile sind, zu Architekturen zusammenge-
schaltet werden. Einzelne Modelle können zu komplexeren Strukturen
zusammengefügt werden, um noch komplexere Aussagen zu treffen.
Während sich, um eine Sprachanalogie zu verwenden, einzelne neuronale
Modelle auf der Ebene der Worte befinden, werden zusammengesetzte
Modelle Sätzen entsprechen.

Nehmen wir als Beispiel drei mit Deep Neuronal Networks bestückte
Modelle, die jeweils auf Bilder angesetzt werden. Das erste wird erkennen, dass eine männliche Person und ein Ball auf dem Bild zu sehen
sind,[11] das zweite wird die Stimmung des Menschen als fröhlich einstufen
und das dritte Modell wird erkennen, dass auf dem Bild die Geste des
Werfens enthalten ist. Ein übergeordnetes Modell könnte dann erkennen, das auf dem Bild ein fröhlicher Mann zu erkennen ist, der einen Ball
wirft. Wir haben hier mit Absicht ein recht harmloses Beispiel gewählt.

In vielen Köpfen, vor allem im Silicon Valley, mag deswegen schon die
Vision eines auf neuronalen Modellen bestehenden kompletten Weltmo-
dells herumgeistern. Dieses Modell bildet und optimiert sich im Wett-
bewerb der Einzelmodell-Provider, die marktgesetzlicher Dynamiken
folgend immer neue Ideen entwickeln werden, um sich zu behaupten. Es
gibt dabei ein wesentliches Problem. Einzelne auf Deep Learning aufgebaute Modelle sind statisch. Sie sind es schon deshalb, weil man immens
viele Datensätze braucht, um sie zu trainieren. Bis sich ein äußerer Effekt
auf Millionen von Einzeldatensätzen auswirkt, muss er relativ langlebig
sein und der langwierige Trainingsprozess eines Deep Learning Networks
muss wiederholt werden.

---

[11] An dieser Stelle sind wir zugegebenermaßen etwas zu optimistisch. Es ist für ein Deep Neural
Network eine fast unlösbare Aufgabe, zwei so disjunkte Objekte wie einen Mann und einen Ball
gleichzeitig zu erkennen. Aber in einem vernetzten, kompetitiv arbeitenden System von abertau-
senden Deep Neural Networks, die abertausend fleißige Entwickler mit standardisierten Entwicklungssystemen mit allen möglichen Objekten trainiert haben, sind solche Leistungen durchaus
denkbar. Man ist versucht, eine solche Struktur Internet 5.0 zu nennen.

Ist ein solches neuronales Netz Teil einer zusammengesetzten Architektur, so werden sich grundsätzliche Änderungen, die durch Neutrainieren dieses Netzes entstehen, in komplexer Weise auf die gesamte Architektur auswirken. Je komplexer die Modellarchitektur ist, desto mehr ist sie darauf angewiesen, dass sich in der Welt nichts Wesentliches ändert. Solche Architekturen werden dann eher den Charakter „Hüter der ewigen Wahrheiten" haben. Ewige Wahrheiten werden gewissermaßen in Silikon gegossen. Dies ist eine Behauptung, die bestens dazu geeignet ist, sie sich in einer stillen Stunde auf der Zunge zergehen zu lassen. Der Begriff der „ewigen Wahrheiten" ist sehr schillernd, vor allem, wenn man noch in Betracht zieht, was alles bei der Erzeugung von aussagekräftigen Modellen schiefgehen kann. Wir können hier auf diese Problematik nicht weiter eingehen, denn unser eigentliches Thema ist Personalisierung im E-Commerce.

E-Commerce hat viel mit direkter Kundenkommunikation zu tun, weniger mit ewigen Wahrheiten. Wie man schon ahnt, gibt es auch technisch gesehen andere Mechanismen, die vor allem bei der Personalisierung zum Einsatz kommen.

2.4.8 Suchfunktion – eine ganz andere Art von KI

Kaum jemand verschwendet noch einen Gedanken daran, was da eigentlich passiert: Man nimmt sein Smartphone, nehmen wir ein Smartphone mit Betriebssystem Android, und tippt einen Begriff verkürzt und falsch in das Textfeld auf dem Startbildschirm und schon bekommt man ohne erkennbare Zeitverzögerung Vorschläge, was man gemeint haben könnte. Erstaunlich oft bekommt man sehr schnell Vorschläge, die ziemlich genau das treffen, was man sucht. Ein Fall von Gedankenlesen? Keineswegs, hier ist Künstliche Intelligenz am Werk, die zudem noch ziemlich viel vom Besitzer des Smartphones zu wissen scheint. Wie funktioniert so etwas? Wir können hier natürlich nicht auf jedes Detail von Suchalgorithmen eingehen, aber mit ein paar grundlegenden Begriffen, die im Umfeld von Suchalgorithmen auftauchen, wollen wir uns hier auseinandersetzen.

Zunächst wollen wir hier zwischen zwei Phasen der Suche unterscheiden.

1) Die kurze Vorschlagsliste, die sich beim Tippen eines Zeichens sofort ändert, wird Typeahead genannt.
2) Klickt man dann auf einen Vorschlag, den der Typeahead gemacht hat, oder drückt man den Enter Button, so bekommt man eine ausführliche Liste von Suchergebnissen.

Gehen wir zunächst auf den Typeahead ein (Abb. 2.5). An diesen werden im Grunde zwei Anforderungen gestellt. Zum ersten muss er schnell reagieren, zum zweiten muss er herausfinden, welche Begriffe ich beim Tippen gemeint haben könnte, auch wenn ich mich vertippt haben sollte. Um sich ein Bild von der Komplexität zu machen, die dabei im Spiel ist, wollen wir uns zunächst überlegen, wie viele Begriffe es gibt und was daraus folgt. Wir kennen nicht die genaue Anzahl von Begriffen, die auf den Milliarden von Internetseiten auftauchen, aber es sind sehr, sehr

Abb. 2.5 Typischer Typeahead im ETERNA-Shop

viele. Dies bedeutet, dass sehr viele Buchstabenkombinationen, erweitert um Zahlen und Sonderzeichen, mit Bedeutung versehen sind.

Stellen Sie sich einen Strand an einem Sommertag vor. Dieser Strand soll den Raum aller möglichen Buchstabenkombinationen symbolisieren. Die immense Anzahl an Internetseiten entspricht in unserem Bild einem sehr, sehr heißen Sommertag, es tummelt sich eine riesige Anzahl von Menschen am Strand. Diese Menschen stehen für die Begriffe, die ja Buchstabenkombinationen sind. Dies bedeutet, dass der Abstand zwischen den einzelnen Handtüchern, auf denen die Leute liegen, sehr klein ist. Nehmen wir weiterhin an, dass an diesem Badestrand ein äußerst autoritärer Bademeister Dienst tut, der nur erlaubt, dass sich Leute nebeneinander legen, die sich ähnlich sind. Es sei dahingestellt, wie das funktionieren soll.[12] Die Suche nach einem bestimmten Begriff würde nun in unserer Analogie bedeuten, dass ich eine bestimmte Person an diesem Strand suche, indem ich eine Anzahl von Eigenschaften angebe (die einzelnen Buchstaben im Suchbegriff), die diese Person charakterisieren. Zudem muss in Betracht gezogen werden, dass ich nicht alle Eigenschaften genau kenne, sondern mich bei dieser Aufzählung von Eigenschaften an der einen oder anderen Stelle irre. Um diese Person zu finden, würde der Bademeister an die Stelle des Strandes gehen, wo Menschen mit den vorgegebenen Eigenschaften liegen, denn die Menschen sind ja dank dieses Bademeisters nach Ähnlichkeit geordnet.

Da der Bademeister auch weiß, dass einige der angegebenen Eigenschaften nicht korrekt sind und Eigenschaften nicht angegeben wurden, würde er nicht nur an dem Punkt des Strandes suchen, wo der dort liegende Mensch genau den vorgegebenen Eigenschaften entsprechen sollte, sondern er würde in einem relativ großzügigen Umkreis um diesen Punkt suchen. Es ist klar, dass die so aufgefundene Menge von Personen umso größer ist, je dichter der Strand befüllt ist. An diesem Punkt haben wir nun endgültig die Dehnbarkeit unseres Vergleichs ausgereizt und werden uns wieder Buchstabenkombinationen zuwenden.

---

[12] Dies wäre nur in einem Paralleluniversum durchführbar, in dem der Strand statt zwei, duzende von Dimensionen hätte. Aber in unserem Universum wäre ja auch der besagte autoritäre Bademeister ein ziemlich unwahrscheinliches Phänomen. Rein algorithmisch ist es aber kein Problem, hochdimensionale Räume zu bearbeiten.

Wir bekommen also im ersten Schritt bei der Eingabe einer Abfolge von Buchstaben eine Menge von Buchstabenkombinationen, die der eingegebenen Buchstabensequenz in einem vorgegebenen Toleranzbereich ähnlich sind. Je mehr Buchstabenkombinationen ich dabei bearbeiten muss, desto mehr Worte werde ich zurückbekommen, dies sollte unser Strandbeispiel anschaulich machen. Was aber noch wichtiger ist, je mehr Worte meiner eingegebenen Buchstabensequenz ähneln, desto ähnlicher sind sie auch untereinander und es wird immer wahrscheinlicher, dass ich mehrere Worte bekomme, die meinem Suchbegriff gleichermaßen ähnlich sind. Methoden, die Ähnlichkeiten zwischen zwei Buchstabensequenzen berechnen und als Zahl zurückliefern, sind vertrackt und werden z. B. Hanning-Distanz oder Hamming-Distanz genannt. Diesen ersten Schritt nennt man Ähnlichkeitssuche und Ähnlichkeitssuche gewinnt bei KI-Lösungen zunehmend an Bedeutung.

Jetzt kommt der zweite Schritt im Suchprozess: Jeder im Umfeld des Suchbegriffs gefundene Begriff muss in seiner Relevanz bezüglich des Suchbegriffs bewertet werden; jeder Begriff bekommt einen sogenannten Score. Methoden, die so etwas durchführen, werden Ranker genannt und sind ein ganz zentraler Bestandteil von KI-Lösungen. Diese Ranker bestimmen maßgeblich die Qualität des Ergebnisses. Wie gesagt bewertet ein Ranker jeden Eintrag in einer Liste. Nachdem jeder Eintrag bewertet wurde, muss man diese Liste nur noch nach ihren Scores sortieren und dann stehen die besten Ergebnisse oben.

Die einfachste Form, Begriffe zu bewerten, die eine Ähnlichkeitssuche zurückliefert, ist natürlich die Ähnlichkeit auf Buchstaben oder Silbenebene zu dem eingetippten Suchbegriff zu berechnen. Dies ist auch ein wesentlicher Schritt, den ein Ranker vornimmt. Er benutzt dabei Verfahren, die die Ähnlichkeit zweier Worte in einer Zahl ausdrücken. Aber ein Ranker in einem modernen Suchsystem kann noch viel mehr. Dazu muss man wissen, dass an den einzelnen in einem Suchsystem gespeicherten Worten strukturierte Daten dranhängen. Wenn ich z. B. nach „Sting" suche, weiß das System unter anderem, dass „Sting" eine Person und keine Sache ist. Außerdem werden oft mehrere Worte in ein Suchfeld eingegeben. Das Suchsystem merkt sich auch Wortkombinationen.

Wenn ich nach „Agatha Christie" suche weiß das System, diesmal ist es nicht der Ranker, sondern die Ähnlichkeitssuche, dass die beiden Worte „Agatha" und „Christie" zusammengehören und eine Person bezeichnen. Eine Suche, die Bedeutung von Wortsequenzen interpretieren kann, nennt man eine semantische Suche.

Das Thema „semantische Suche" ist, wie man sich denken kann, sehr komplex und wir können hier nicht ausführlich darauf eingehen. Wichtig zu erwähnen ist, dass der Ranker[13] die verschiedenen Möglichkeiten, was ein User bei der Eingabe von Suchbegriffen gemeint haben könnte, nach vielfältigen Kriterien bewertet. Zudem gibt es neben den Rankern zunehmend auch intelligente Grouper,[14] deren Einfluss man besonders im Typeahead sieht, die aber z. B. bei Google seit einiger Zeit auch bei den Suchergebnisseiten ihren Dienst tun. Ein Grouper fasst Suchergebnisse, die zusammengehören, zu einer Gruppe zusammen. Suche ich in einem Webshop, der Filme im Programm hat, z. B. nach „Thor", dann sollte die Suche mehrere Ergebnisse mit „Thor" im Titel finden und diese zusammengruppieren, da die einzelnen Filme ja auch zusammengehören.

Was unterscheidet jetzt die volle Suche von einem Typeahead? Im Prinzip nur, dass man bei einer vollen Suche (die z. B. durch Klicken auf einen Eintrag im Typeahead ausgelöst wird) mehr Zeit hat und noch genauer vorgehen kann. Außerdem müssen bei der vollen Suche, die von einem Eintrag im Typeahead getriggert wird, Schritte wie Rechtschreibkorrektur nicht mehr erneut ausgeführt werden.

Moderne Ranker sind zudem personalisierbar. Was hinter dem Begriff „Personalisierung" alles steckt, werden wir im nächsten Kapitel beleuchten. Abschließend wollen wir in diesem Kapitel noch einmal auf ein bemerkenswertes Faktum aufmerksam machen. Die formale Struktur eines semantischen Suchalgorithmus entspricht der eines Deep Neural Networks. Nur das Training geschieht anders.

---

[13] In der Praxis werden oft viele zusammenarbeitende Ranker eingesetzt, um optimale Suchergebnisse zu produzieren.
[14] Wir meinen hier natürlich keine intelligenten Zackenbarsche (Grouper).

2.5 Personalisierung

2.5.1 KI-Methoden für die Personalisierung

Bisher haben wir etwas über die Grundlagen von neuronalen Netzen und Modellen erfahren. Wir haben uns dabei auf Klassifikationsmodelle konzentriert, da diese noch relativ anschaulich zu erklären sind. Der aufmerksame Leser wird sich dennoch fragen, wie man mit Modellen, die über ein paar wenige Ausgänge verfügen, interessante personalisierte Produktempfehlungen generieren soll. Außerdem haben wir uns kurz mit Suchmaschinen beschäftigt, da auch diese mit KI gespickt sind und bei Personalisierung vor allem in der Zukunft eine wichtige Rolle spielen dürften.

Erinnern wir uns nochmal kurz an das letzte Kapitel, in dem wir von Weltmodellen und ewigen Wahrheiten gesprochen haben. Im Kontext von Personen bekommt man als Ergebnis von komplexen Datenverdichtungen, die auf einer Unzahl gesammelter Daten beruhen, ein sogenanntes Profil. Dieses Profil wird feingranular Vorlieben, Präferenzen und Verhaltensarchetypen enthalten. Ein Profil einer weiblichen Person könnte Felder enthalten: Liebt folgende Marken, liebt dunkle moderne Kleidung, nutzt intensiv Facebook, liebt Griechenland, hat zwei Kinder, ist sportaffin …. Es werden hunderte von Feldern sein.

Aber, so wird sich vielleicht der eine oder andere Leser fragen, würde ich wirklich wollen, dass ein Verkäufer meine komplette Liste von Vorlieben und Verhaltensweisen kennen würde und mir schon beim Betreten eines Ladens sagen würde, „Sie brauchen genau dieses Produkt, denn ich kenne sie besser als sie selbst". Die Reaktion auf eine solche Ansprache könnte in keinem Profil gespeichert sein, denn wir sind keine statischen Anwender unseres Profils, sondern lebendige Menschen. Wir verhalten uns situationsbedingt immer anders. Man kann diesen Lesern nur recht geben. Für sensible Produktempfehlungen brauchen wir anscheinend etwas anderes. Aber wie können wir intelligent und situationsbedingt, also personalisiert auf Kunden in einem Webshop eingehen? In den folgenden Abschnitten werden wir uns diesem Thema annähern.

2.5.1.1 Collaborative Filtering

Der Leser wird sich erinnern, dass wir ganz am Anfang von einem Verfahren namens „Collaborative Filtering" als algorithmisches Urgestein aller Produktempfehlungen gesprochen haben. Was dieses Verfahren tut, wird sehr direkt in den legendären Produktempfehlungen ausgedrückt, so wie man sie bei Amazon gefunden hat. „Kunden, die dieses Produkt gekauft haben, haben auch folgende Produkte gekauft". Um zu verstehen, wie Collaborative Filtering arbeitet, werden wir einen kleinen Exkurs in die Mathematik unternehmen.

2.5.1.2 Thomas Bayes und bedingte Wahrscheinlichkeiten

Es ist erstaunlich, aber gerade in der Entwicklung von KI kommen die Arbeiten eines Mathematikers aus dem sechzehnten Jahrhundert zu neuer Geltung.[15] Thomas Bayes arbeitete an der Wahrscheinlichkeitstheorie und entwickelte Gesetze zum Rechnen mit sogenannten bedingten Wahrscheinlichkeiten. Was ist eine bedingte Wahrscheinlichkeit? Eine bedingte Wahrscheinlichkeit gibt an, wie groß die Wahrscheinlichkeit eines Ereignisses A ist, wenn vorher das Ereignis B aufgetreten ist. Bedingte Wahrscheinlichkeiten, auch Verbundwahrscheinlichkeiten genannt, drückt man mathematisch als $P(A|B)$ aus. Dies klingt ja schon direkt wie eine abstrakte Formulierung der oben zitierten ursprünglichen Amazon- Produktempfehlungen. B ist dabei das Produkt, dass momentan im Fokus des Kunden steht, A^1, A^2 bis A^n sind die Produkte, die dem Kunden empfohlen werden.

Mit diesen Verbundwahrscheinlichkeiten arbeitet das Collaborative-Filtering-Verfahren. Das gute dabei ist, dass wir dabei keine umständlichen Adaptionsschritte wie bei neuronalen Netzen durchführen müssen. sondern einen Collaborative Filter allein durch Zählen aufbauen können. Dazu benötigen wir die Warenkörbe von möglichst vielen Kunden, die in

---

[15] Thomas Bayes war ein englischer Mathematiker, der von 1702–1761 lebte.

der Vergangenheit gekauft wurden und in denen sich mindestens zwei Produkte befinden. Dann bilden wir eine große Matrix, die so viele Zeilen und Spalten hat, wie wir in unserem Webshop Produkte haben und beginnen die Warenkörbe auszuzählen.[16] Nehmen wir an, wir würden die Warenkörbe eines Supermarkts auszählen.

Für alle Zweier-Kombinationen von Produkten, die in einem Warenkorb vorkommen, erhöhen wir die entsprechende Zelle in der oben genannten Matrix um eins. Nehmen wir an, wir hätten Milch, Butter und Brot in unserem Warenkorb. Dann würden wir erst die Spalte suchen die für Milch, darauf die Zeile, die für Butter zuständig ist und würden den Zellenwert am Kreuzungspunkt um eins erhöhen. Dasselbe machen wir für die Kombination Milch→Brot und Brot→Butter.

Wenn jetzt ein neuer Kunde Milch in seinen Warenkorb legt, würden wir in der Matrix die Spalte auswählen, die für Milch zuständig wäre und dann die Zellen in dieser Spalte suchen, die den größten Zahlenwert aufweisen würden. Nehmen wir an, diese Zellen wären die Zellen, denen Butter und Brot zugeordnet wären. Und schon könnten wir dem Kunden eine einfache, aber richtige Empfehlung aussprechen: „Kunden, die Milch gekauft haben, haben auch Butter und Brot gekauft". Ich stelle mir dabei einen realen Supermarkt vor, in dem ein ungelenker Roboter neben mir her rollt und mit blecherner Stimme diese altklugen Sätze von sich gibt.

Man sieht, das Prinzip ist recht einfach. Am Anfang der Webshop-Entwicklungen waren die Empfehlungen tatsächlich so simpel gestrickt. Mit Personalisierung haben solche simplen Empfehlungen zunächst noch nicht allzu viel zu tun, obwohl sie recht nützlich sein können. Aber in jeder Recommendation Engine steckt irgendwo versteckt im algorithmischen Fundament Collaborative Filtering als unverzichtbarer Bestandteil. Es ist fast so wie in Star Trek: der Film,[17] wo sich der Kern einer riesigen,

---

[16] In der Praxis nutzt man in den wenigsten Fällen eine Matrix, sondern bedient sich eines sogenannten Graphen. Das Prinzip ändert sich aber dadurch nicht.

[17] Nähere Informationen über diesen Film findet man auf: https://de.wikipedia.org/wiki/Star_Trek:_Der_Film. Zugegriffen am 30.10.2019.

außerirdischen, künstlichen Intelligenz als der von Menschen ins All geschossene Satellit Voyager entpuppt. Collaborative-Filtering-Algorithmen lassen sich, nebenbei bemerkt, auch gut mit Reinforcement Learning verbinden.

2.5.1.3 Das Problem mit Collaborative Filtering

Wie wir gesehen haben, spuckt das einfache Collaborative-Filtering-Verfahren Empfehlungen aus, die zu einem ausgewählten Produkt irgendwie passen. Es nutzt quasi die Intelligenz der Käufer in ihrer Gesamtheit. Es hat sich für Wissen, das sich aus dem Beitrag vieler einzelner Individuen zusammensetzt, der Begriff „Wisdom of Crowds" eingebürgert, der sich von einem Buchtitel des Autors James Surowiecki ableitet.[18] Für Meinungsforschungsinstitute ist diese Wisdom of Crowds die Basis für ihre Arbeit.

Aber die Weisheit der Massen hat auch ihre Grenzen. So werden die zusammengefassten Meinungen von vielen automatisch immer die durchschnittlichste Meinung bevorzugen. Das hat etwas damit zu tun, dass die Eigenschaften von kollektiven Systemen mit vielen Individuen in der Regel normal verteilt sind.[19] Jeder weiß aus seiner Erfahrung, dass das Durchschnittliche nicht immer das Beste ist. Aber es ist auch das, was sich am besten verkauft. Eigentlich müsste ehrlicherweise der Empfehlungsoutput, der mithilfe von Collaborative Filtering erzeugt wurde, folgendermaßen lauten: „Der Durchschnitt der Kunden, die dieses Produkt gekauft haben, hat auch folgende Produkte gekauft". Formuliert man es so, so wird offensichtlich, dass hier das Gegenteil von Personalisierung passiert. Und welcher Kunde will schon ein durchschnittlicher Kunde sein?

Ein Problem des Collaborative Filtering liegt aber noch woanders. Es ist blind gegenüber Produkteigenschaften. Nehmen wir an, eine Mutter

---

[18] Diesem Buch ist ein eigener Wikipedia-Artikel gewidmet: https://de.wikipedia.org/wiki/Die_Weisheit_der_Vielen. Zugegriffen am 30.10.2019.

[19] Um mehr Informationen über den in der Statistik überaus wichtigen Begriff der Normalverteilung zu erhalten, empfehlen wir folgenden Wikipedia-Artikel: https://de.wikipedia.org/wiki/Normalverteilung. Zugegriffen am 30.10.2019.

kauft in einem Fashion-Webshop für ihre Familie ein. Sie wird etwas für sich und etwas für ihre Kinder in den Warenkorb legen. Sagen wir einen schicken Pullover für sich und einen Strampelanzug für ihr Kleinkind. Nehmen wir weiterhin an, es gäbe eine ganze Menge von Müttern, die so oder ähnlich handeln würden, z. B. weil der Strampelanzug im Sonderangebot ist. Für das Collaborative-Filtering-Verfahren wäre dann klar „Kunden, die diesen Pullover gekauft haben, haben auch diesen Strampelanzug gekauft". Diese Aussage ist zwar formal korrekt, aber für Frauen, die diesen besagten Pullover kaufen und keine Kleinkinder haben doch etwas befremdlich.

Außerdem tun sich Collaborative-Filtering-Algorithmen schwer, wenn es in einem Shop schnell wechselnde Produkte gibt. Denn dieses Verfahren braucht eine gewisse Anzahl von Produkten, die im Kaufverhalten der Kunden miteinander verbunden sind, um statistisch signifikante Aussagen zu treffen. Wechseln die Produkte zu schnell, so kommt diese statistische Signifikanz nicht zustande.

2.5.1.4 Personalisierung – Was bedeutet das eigentlich?

Wir müssen uns nochmal, vielleicht etwas spitzfindig, mit dem Begriff der Personalisierung auseinandersetzen, um ihn etwas klarer zu definieren. Personalisierung heißt im Grunde genommen, dass eine Webpage, in unserem Fall ein Webshop, individuell auf mich, der gerade die Webpage besucht, reagiert. In welchem Maße individuelle Reaktion auf mich umgesetzt werden können, hängt primär von einer Grundfrage ab. Hat der Service, der die Webpage steuert, Zugriff auf meine persönlichen Daten oder nicht und auf welche Daten besteht der Zugriff? Eine simple Form der Personalisierung besteht darin, den Besucher der Webseite mit seinem Namen anzusprechen. Dazu muss dem Service mein Name bekannt sein und das bedeutet, ich muss dem Service irgendwann meinen Namen bekannt gegeben haben. Dies geschieht meistens dann, wenn ich im Webshop eine Bestellung tätige. Damit die bestellten Produkte auch ausgeliefert werden können, müssen meine persönlichen Daten wie Name und Anschrift bekannt sein.

Oft fordert mich der Webshop dann auf, einen persönlichen Account mit Benutzername und Password anzulegen. Besuche ich dann diesen Webshop wieder, bekomme ich die Möglichkeit, mich einzuloggen, um dann personalisierte Vorteile zu genießen. Ich kann zum Beispiel einsehen, was ich in der Vergangenheit bestellt habe und ich kann persönliche Präferenzen abspeichern. Zum Beispiel bei Fashion Shops kann das sehr praktisch sein, wenn ich meine Konfektionsgröße hinterlegt habe und sie nicht jedes Mal neu eingeben muss.

Hier bewegen wir uns eindeutig auf dem Terrain der Personalisierung, wobei wir offensichtlich keine Künstliche Intelligenz benötigen. Ziel dieser Personalisierung ist es, dem Kunden die Nutzung des Shops so bequem wie möglich zu machen. Denn es gilt hier eine einfache Regel:

> Je weniger lästige Aktionen ein User in einem Webshop durchführen muss, um an sein Ziel zu gelangen, desto positiver wird der Shop vom User wahrgenommen.

Dies gilt nicht nur für Webshops, sondern generell. Dieser Zusammenhang ist gewissermaßen eine Übertragung der physikalischen Tatsache, dass ein System stets bestrebt ist, den Zustand geringster Energie einzunehmen – das gilt auch für menschliches Verhalten. Wir stellen jetzt eine generelle Behauptung auf.

> Ein Ziel von Personalisierung ist es, einem Kunden die Erreichung seines Ziels mit minimalem Aufwand zu ermöglichen.[20]

Wir können hierfür freilich keinen Beweis anführen, aber diese Behauptung ist eine der Grundaxiome, die in der Performanceoptimierung von Webseiten zum Tragen kommt. Und Sinn und Zweck aller Maßnah-

---

[20] Dieses Axiom nennt sich auch Klickpfad Minimierung und wird z. B. m Wikipedia-Artikel: https://de.ryte.com/wiki/Click_Path diskutiert – zuletzt zugegriffen am 30.10.2019.

men, die bei einem Webshop getroffen werden, ist letztendlich Performanceoptimierung. Man sollte aber grader bei Performanceoptimierung noch etwas genauer hinsehen.

Performanceoptimierung ist nicht unbedingt gleichbedeutend mit der Minimierung der Anzahl der Klicks, die ein User auf einer Webpage braucht. Man muss die einzelnen Klicks in ihrer Bedeutung gewichten. Es gibt nämlich Klicks, die als lästig empfunden werden und andere Klicks, die Spaß machen. Zu der ersten Gruppe gehört zum Beispiel das Eingeben von Adressdaten oder das Häkchensetzen bei umfangreichen Optionen. Zur zweiten Gruppe kann zum Beispiel zählen, wenn man sich durch eine Reihe von intelligent angeordneten Bildern hindurch klickt, die interessanten Inhalt anbieten. Gerade die Frage, welche Klicks vom User als angenehm empfunden werden, ist höchst individuell und kontextabhängig und führt wieder direkt zum Thema der personalisierten Empfehlungen. Wir können also hier zwei Bereiche dingfest machen, in denen Personalisierung eine Rolle spielt.

Der erste Bereich ist die Minimierung von Input, der vom User als lästig empfunden wird. Dazu gehören das Abspeichern von bestellrelevanten Daten sowie das Merken von User-Präferenzen. In diesen Bereich gehört aber auch die Suchfunktion, die man inzwischen bei allen Webshops erwartet, sofern sie mehr als eine Handvoll Produkte anbieten. Sie sollte einen Kunden so bequem wie möglich zu Produkten führen, die für den Kunden infrage kommen.

Der zweite Bereich besteht darin, den Kunden zu möglichst vielen interessanten Produkten, zu führen und dabei das Energiemaß des Klickpfads zu minimieren. Dieses Energiemaß kann man als Funktion aller mit einem „Lästigkeitsfaktor" gewichteten Klicks betrachten. Wird ein Klick als lästig empfunden so trägt er stärker zu diesem Maß bei als ein Klick, der dem Kunden Spaß macht. So ein spaßbereitender Klick kann sogar das gesamte Energiemaß verringern. Dummerweise sind diese Gewichte sehr individuell abhängig vom jeweiligen Kunden und ändern sich auch noch während einer Websession.

Hinzu kommt, dass es offensichtlich einen Schwellwert für negative Klicks gibt. Das können wir nachvollziehen, wenn wir uns selbst beobachten. Man nimmt eine gewisse Anzahl von negativen Klicks billigend in Kauf, wenn der ganze Prozess dann doch dazu führt, dass man ein Erfolgserlebnis hat, zum Beispiel das Produkt findet, das man kaufen will. Ansonsten reicht es einem irgendwann und man bricht den Vorgang mit einem negativen Gefühl ab. Es ist also schwierig, hier vorherzusehen, wie sich ein einzelner Kunde verhalten wird. Die Prognose von Kundenverhalten an dieser Stelle ist auch für Künstliche Intelligenz eine echte Herausforderung. Es hilft aber, Kunden in drei Klassen einzuteilen.

2.5.1.5 Jäger, Sucher und Sammler

Man kann aus der Erfahrung sagen, dass es bei Kunden grob drei verschiedene Typen gibt: Jäger, Sucher und Sammler. Vielleicht sind diese Typen Nachwehen unserer frühen menschheitsgeschichtlichen Entwicklung, wir wissen es nicht. Ein Jäger betrit einen Laden, dies kann auch ein Online-Shop sein, mit einer festen Vorstellung, was er möchte. Er geht zielgerichtet dorthin, wo er ein Produkt finden kann, dass in sein „Beuteschema" passt. Findet er so ein Produkt, so wird es sofort ergriffen, bezahlt und der Jäger verlässt wieder den Laden, ohne sich von anderen Dingen ablenken zu lassen. Findet er nicht in kurzer Zeit, was ihm vorschwebt, so verlässt er ebenso schnell den Laden und sucht das nächste Geschäft auf. Viele Jäger freuen sich auch besonders über Schnäppchen und es gibt regelrechte Schnäppchenjäger.

Der Sucher ist in gewisser Weise das Gegenteil eines Jägers. Er weiß ungefähr was er will, aber nicht genau. Er möchte z. B. ein neues Smartphone, weiß aber noch nicht, welche Marke oder welches Modell. In der Regel hat der Sucher sich einen inneren Rahmen abgesteckt, z. B. einen Preisrahmen. Ein Sucher betrit einen Laden und möchte dort verschiedene Produkte, die in seinen gesteckten Rahmen (z. B. Smartphone, maximal 200 Euro) passen, vergleichen. Er lässt sich bei seiner Auswahl auch gerne von einem Fachverkäufer beraten. Hat der Sucher mehrere Produkte verglichen, so wird er sich für ein Produkt entscheiden, um es zu kaufen, oder den Laden unverrichteter Dinge wieder verlassen. Hat sich ein Sucher für den Kauf eines Produktes entschieden, so ist er häufig noch zum Kauf von nützlichem Zubehör für sein Produkt zu haben.

Der Sammler ist dem Sucher ähnlicher als dem Jäger. Er oder sie betritt einen Laden und orientiert sich erst mal, was dieser Laden alles zu bieten hat. Er lässt sich von der Vielfalt der Waren inspirieren und entwickelt dabei Ideen, was er brauchen könnte. Sammler stöbern gerne und entdecken dabei Dinge, die sie mitnehmen wollen auch wenn nicht unbedingt ein akuter Bedarf besteht. Sie legen gerne etwas mehr in ihren Warenkorb. Auch Sammler haben ihre besonderen Ansprüche. Es inspiriert sie, wenn die Anordnung der Waren eine Art geordnete, bunte Landschaft bildet. Mit chaotischem Durcheinander können die wenigsten Sammler etwas anfangen. Außerdem gibt es „Gefahrenpunkte", bei denen Sammler den Laden wieder verlassen, im verstärkten Maße Online-Shops, ohne etwas zu kaufen. Dieser Gefahrenpunkt heißt „Budget". Es passiert nicht selten, dass ein Sammler in Begeisterung gerät und seinen Warenkorb etwas zu voll macht. Will er dann zur Kasse gehen, merkt er, dass sein Budget leider überschritten wurde. Das führt oft dazu, dass dann der ganze Warenkorb stehengelassen wird.

Wie bei fast allen herausgearbeiteten Archetypen, in unserem Fall Jäger, Sucher und Sammler, kommen diese Typen selten in reiner Form vor. Es gibt immer Abstufungen und Mischformen. So kommen zum Beispiel Sammler-Jäger recht häufig vor. Sie sind Sammler, jagen aber, während sie sammeln, Schnäppchen. Auch der Übergang vom Jäger zum Sucher ist fließend. Diese Typologien haben sich bei unserem jahrelangen Umgang mit verschiedenen Webshops sehr deutlich gezeigt.

2.5.1.6 Hyperpersonalisierung

Wir haben uns jetzt gewissermaßen in einem Höhenflug von Collaborative Filtering als Basis rasant zu einem sehr neuen Gebiet der Personalisierung aufgeschwungen. Dieses Gebiet nennt man Hyperpersonalisierung. Es bedeutet, dass man bei Produktempfehlungen Kundentyp, Präferenzen des Kunden und Intentionen des Kunden mit einbezieht. Da Kunden Menschen sind und keine Maschinen, kann man erahnen, dass man sich mit Hyperpersonalisierung auf schwierigem Terrain befindet. Glücklicherweise gibt es gewisse Klassen prototypischen Verhaltens, wie das genannte Jäger- und Sammlerverhalten, die es einem KI-System ermöglichen, aus

Verhaltensmustern zu lernen und im Rahmen der Produktempfehlungen adäquate Aktionen zu triggern, die sich in ihrer Gesamtheit messbar positiv auf den Geschäftserfolg eines Online-Shops auswirken.

Manche Leser mögen sich an dieser Stelle an den Begriff „Personas" erinnern, so wie er gerne in der Marktforschung verwendet wird. Dort werden Personas zum Beispiel als typische Vertreter einer Zielgruppe für ein bestimmtes Produkt verwendet und werden in der Form „Fritz, Unternehmensberater, 42, 2 Kinder, Einkommen …" als Ergebnis einer Marktanalyse, die mithilfe von speziell entwickelten Fragebögen durchgeführt wurden, vorgestellt. Meist ist auch noch ein nettes Bild dabei, das aus einer Bilddatenbank stammt.

Nach unseren eigenen Erfahrungen nützen im Rahmen der Hyperpersonalisierung solche Personas allerdings relativ wenig. Der Grund dafür ist recht einfach: Personas sind interpretierte Resultate aus statischen Datensegmentierungsprozessen. Weiter oben haben wir kurz die Technik des Clusterns angesprochen. Man unterteilt mit Clusterverfahren den Datenraum in n Segmente, wobei die Daten innerhalb eines Segments in gewisser Hinsicht ähnlich sind, während sich Daten aus verschiedenen Segmenten mehr oder weniger unterscheiden. Dann gibt man bedeutungsvollen Clustern einen Namen; man „labelt" sie. Diese Verfahren müssen zwangsläufig ein sehr grobes Raster auf die Daten legen, die die Eigenschaften von Menschen beschreiben, denn die Übergänge in der realen Welt sind meistens fließend. Segmentierungstechniken können schon auf eine relativ lange Geschichte zurückblicken und werden gerne auch im Kontext von E-Commerce noch heute eingesetzt, wenn auch nicht immer an der richtigen Stelle. Segmentierungstechniken scheinen naheliegend zu sein, um Kunden in verschiedene Gruppen aufzuteilen, denn sie liefern anschaulich interpretierbare Ergebnisse. Man sieht den Segmenten, sofern man sie nicht ausgiebig analysiert, einfach nicht an, dass sie manchmal eine plausibel klingende, viel zu grobe Interpretation der Welt liefern.

Nach diesem kurzen Rundflug über das Areal der Personalisierung, sollten wir uns aber noch einmal den Basics zuwenden. Genauer gesagt, wir sollten uns nochmal mit Daten beschäftigen.

2.5.1.7   Welche Daten braucht Personalisierung?

Wie wir schon weiter oben gesehen haben, braucht man einen gewissen Zugriff auf personenbezogene Daten, um einem Kunden eine personalisierte Webseite anbieten zu können. Natürlich gibt es am Markt für Produktempfehlungen auch profilbasierte Ansätze, z. B. Dating Portale. Man möge mir dieses Beispiel verzeihen, aber formal sind Partnerempfehlungen Produktempfehlungen. Auf diese Verfahren, die besonders hungrig auf persönliche Daten sind, wollen wir hier aber nicht eingehen, denn sie sind in mehrerlei Hinsicht problematisch. Wir sind in diesem Buch schon an verschiedenen Stellen darauf eingegangen. „Personenbezogen" ist ein datenschutzrelevanter Begriff. Der Begriff ist zudem ziemlich heikel. Wenn ein Kunde sich in einen Webshop anmeldet, gibt er implizit die Erlaubnis, seine gespeicherten Daten zu nutzen. Es ist aber auch möglich, personenrelevante Daten zu verwenden, ohne dass sich ein Kunde anmeldet. Dies ist durch sogenannte Cookies möglich.

Was ist ein Cookie? Cookies sind eine Möglichkeit für eine Webseite, Nachrichten für sich selbst zu hinterlassen. Ein Webbrowser, der ansonsten den Zugriff einer Webseite auf den Rechner, egal ob Notebook oder Smartphone, radikal einschränkt, räumt einer Webseite in begrenztem Umfang die Möglichkeit ein, Daten in den internen Speicher, z. B. einer Festplatte, zu schreiben. Wird dann dieselbe Webseite von einem User später wieder aufgerufen, hat diese Webseite dann die Möglichkeit, diese hinterlegten Daten wieder auszulesen. Jede Webseite hat nur Zugriff auf ihre eigenen Cookies, nicht auf die Cookies anderer Webseiten. Diese strenge Limitierung war ursprünglich ein idealistisches Konzept, um die Privatsphäre des Users zu schützen. Natürlich wird inzwischen dieses „Reinheitsgebot" weidlich unterwandert,[21] dies geschieht z. B. mit Tracking Cookies. All diese Unterwanderungstechniken dienen dazu, einen User auszuspähen, mit anderen Worten, es werden Daten über einen User gesammelt, ohne dass der User seine explizite Zustimmung dazu

---

[21] Folgender Wikipedia-Artikel behandelt ausführlich das Thema „Anonymität im Internet" und geht auch auf Methoden ein, diese Anonymität zu unterwandern: https://de.wikipedia.org/wiki/Anonymit%C3%A4t_im_Internet. Zugegriffen am 30.10.2019.

gegeben hat. Ein Großteil der Internetwerbung basiert auf Tracking Cookies. Der Hauptgeschäftszweck des Internets beruht gewissermaßen auf fragwürdigem Sammeln aller möglichen Nutzerdaten. Ursprünglich waren Cookies dazu gedacht, Personalisierung zu ermöglichen und auch Webshops haben von Anfang an Cookies verwendet, um sich damit für den Shop relevante Userdaten zu merken.

Wie wir schon erwähnt haben, braucht man, ganz besonders, wenn man KI-Methoden für die Personalisierung einsetzen will, Verhaltensdaten des Kunden. Diese Daten werden im Europäischen Datenschutzrecht als personenbezogen eingestuft. Das Verfahren, um diese Verhaltensdaten zu gewinnen, nennt man Tracking. Der Begriff „Tracking" genießt bei uns in Europa nicht unbedingt einen guten Ruf. Aber Tracking ist nicht gleich Tracking und im Hinblick auf die Verletzung der Privacy des Kunden haben verschiedene gesammelte Daten, die formal alle als personenbezogen eingestuft werden, ganz unterschiedliche Auswirkungen. Wie schwer sich die Gesetzgebung mit personenbezogenen Daten tut, merkt man deutlich an der Sperrigkeit der neuen Datenschutzverordnung.[22] Im außereuropäischen Raum geht man größtenteils sehr viel laxer mit dem Thema Datenschutz um. Gegen die Datensammelwut der Internetriesen aus den USA haben wir trotz strenger Gesetzte erstmal wenig entgegenzusetzen. Aber wir sind Europäer und wir sollten unsere humanistische Tradition ernst nehmen und schützen. Deswegen werden wir diesem Thema noch etwas Aufmerksamkeit schenken.

2.5.2 Persönlichkeitsrechte und Personalisierung

Wie wir schon gesagt haben, tut sich eine juristische Herangehensweise sehr schwer, Dinge festzuzurren, die eigentlich ethischer Natur sind. Die Einhaltung von Persönlichkeitsrechten beim Sammeln von Daten ist im Kern eine Folge der Grundeinstellung dessen, der diese Daten sammelt. Eine praktikable ethische Leitlinie wurde explizit und sehr akademisch

---

[22] Den kompletten Text der neuen Datenschutzverordnung findet man auf: https://dsgvo-gesetz. de/. Zugegriffen am 30.10.2019.

von Emanuel Kant als „kategorischer Imperativ" formuliert.[23] Man kann diesen kategorischen Imperativ, auch ohne in unserem Zusammenhang einen großen Bedeutungsverlust zu erleiden, sehr viel volkstümlicher ausdrücken: „Was du nicht willst, dass man dir tu, das füg auch keinem anderen zu". Analysiert man das Sammeln von Userdaten in einem Webshop unter diesem Aspekt, sieht man bald, dass dieses Sammeln recht harmlos ist.

Usertracking im Webshop

Wir wollen kurz das Sammeln von Daten, wie es im Webshop zum Zwecke der Personalisierung durchgeführt wird, auf seine „ethische Vertretbarkeit" untersuchen. Dazu eignet sich am besten ein Vergleich mit einem Einkaufsprozess im stationären Handel, mit dem wohl die wenigsten von uns ein tieferliegendes Problem haben dürften.

Fangen wir mit den Cookies an, die einem Personalisierungsservice eine eindeutige Kunden-ID mitteilen, sodass man auf die Vergangenheitsdaten dieses Kunden in diesem bestimmten Webshop zurückgreifen kann. Im stationären Handel würde das im Großen und Ganzen der Szene entsprechen, in der ein Kunde den Laden betritt und der Verkäufer sich an diesen Kunden erinnert. Speichert ein Webshop-Kunde z. B. seine Konfektionsgröße und persönliche Präferenzen ab, so entspräche dies der Tatsache, dass der Verkäufer sich im Laden an die Vorlieben des Kunden erinnern kann. Dies kommt in der Praxis wohl weniger oft vor, der Verkäufer wird wohl eher die Vorlieben des Kunden erfragen.

Fragt jetzt der Kunde den Verkäufer nach Hoodies, so entspräche das im Webshop der Auswahl einer Kategorieseite oder dem Absetzen einer entsprechenden Suchanfrage, wobei der Webshop sich merkt, was der Kunde getan hat. Bringt jetzt der Verkäufer verschiedene Hoodies, so wird der Kunde die einzelnen Kleidungsstücke prüfen und dem Verkäufer zu verstehen geben, welches Kleidungsstück ihm gefällt oder passt

---

[23] Diese wohl bekannteste Maxime der deutschen Philosophen Emanuel Kant wird ausführlich auf https://de.wikipedia.org/wiki/Kategorischer_Imperativ erörtert – zuletzt zugegriffen am 30.10.2019.

und wird, wenn etwas Passendes dabei ist, dieses Kleidungsstück in seinen Einkaufskorb legen und letztendlich zur Kasse gehen oder den Laden verlassen.

Genau dieses Kundenverhalten wird analog im Online-Shop aufgezeichnet, nicht mehr, eher weniger. Denn der Kunde wird sich dem Shop gegenüber viel schweigsamer verhalten als gegenüber einem menschlichen Verkäufer. Der deutlichste Unterschied taucht beim Bezahlen an der Kasse auf. Die wenigsten Läden merken sich, was ein Kunde gekauft hat. Der Webshop hingegen schon. Deswegen gibt es Services wie Payback, die dieses Datensammeln im stationären Handel übernehmen sollen.

Ganz anders hingegen ist die Sachlage beim Schalten von Internetwerbung. Internetwerbung macht über sogenannte Affiliate-Netzwerke intensiven Gebrauch von Tracking Cookies. Werbung im Internet baut auf einem ganz anderen Datenparadigma auf als es Webshops im europäischen Raum meistens tun.

2.5.3 Big Brother versus dialogbasierter Künstlicher Intelligenz

Was macht den wesentlichen Unterschied zwischen Angeboten in einem Webshop und Produktwerbung auf einer x-beliebigen Webseite aus? Auf einen kurzen Nenner gebracht, im Webshop kommt der Kunde zu den Produkten, auf einer Web-Werbeanzeige kommen die Produkte zum Kunden, ob er will oder nicht. Deswegen kann ich mich in einem Webshop darauf konzentrieren, herauszufinden, was ein Kunde will, um ihm dann das Richtige anzubieten. Bei Werbung, die erfolgreich konvertieren soll, sollte ich hingegen im Vorfeld schon möglichst genau wissen, was der Kunde braucht.

Allerdings kennzeichnet dieser Unterschied auch zwei grundsätzlichen Paradigmen im Umgang mit Nutzerdaten. Im außereuropäischen Raum herrscht das Paradigma vor: „Sammle alle Daten", die du bekommen kannst, auf welchem Weg auch immer. Google, Facebook und Co. machen es uns vor. Der gläserne Mensch wird von vielen Nutzern nicht als Schreckgespenst wahrgenommen, sondern als etwas, dass im Glauben an einen immerwährenden wissenschaftlich-technischen Fortschritt dem einzelnen Menschen ungeahnten Nutzen bringen soll. Man gibt gerne seine Daten her, gewissermaßen als implizites Entgelt für kostenlose Internetservices. Google baut explizit an der Zukunftsvision einer perfekten Technologie, die die Welt im Innersten verstehen soll und meint, jeden einzelnen besser zu kennen, als er/sie sich selbst.[24] Künstliche Intelligenz in Form der sogenannten „starken KI" spielt bei dieser Weltanschauung natürlich eine dominante Rolle. Denn all die gesammelten Daten brauchen natürlich eine überragende Künstliche Intelligenz, um den versprochenen Nutzen bieten zu können. Und in der Anschauung der „technischen Visionäre", ist das Gehirn auch nichts anderes als ein Apparat, dessen Funktionsweise man im Prinzip glaubt, verstanden zu haben und das immer komplexer werdende vernetzte technische Strukturen bald „alt aussehen" lassen werden. Aus diesem Denken heraus, ist natürlich klar, dass man Algorithmen zutraut, besser zu wissen, was ein Kunde eigentlich braucht, als der Kunde selbst. Die Antwort, ob man sich auf einen „Big Brother" der beschriebenen Art wirklich freuen soll, sei jedem einzelnen selbst überlassen. Ein Blick nach China könnte bei der Meinungsbildung hilfreich sein.

Den zweiten Weg, mit Userdaten umzugehen, findet man seltsamerweise hauptsächlich in der Intelligenz von Webshops und anderen Empfehlungsservices. Diese Art von Intelligenz versucht herauszubekommen, nicht was der User eigentlich braucht, ohne es vielleicht zu wissen, sondern sie tritt in Dialog mit dem Kunden, um herauszufinden, was ein Kunde eigentlich will. Wir möchten diese Herangehensweise „Dialogbasierte KI" nennen. Die implizite Folge dieser Herangehensweise ist, dass ich nur Daten vom User brauche, die dieser mir im Kontext meines Services als Reaktion auf die Empfehlungen des Service zurückspielt.

---

[24]Zu Raymond Kurzweil, Entwicklungschef bei Google und hemmungsloser Protagonist des sogenannten Transhumanismus siehe auch: https://books.google.de/books?id=7t0iDAAAQBAJ&pr intsec=frontcover&dq=kurzweil&hl=de&sa=X&ved=0ahUKEwjP4vjD9czgAhWGKlAKHVG 5DJcQ6AEILjAB#v=onepage&q=kurzweil&f=false.

Die inzwischen zu bedeutender Breitenwirkung gekommene Ideologie des Transhumanismus wird auf: https://de.wikipedia.org/wiki/Transhumanismus dargestellt – zuletzt zugegriffen am 30.10.2019.

Dieser Ansatz entspricht dem Spirit der europäischen Datenschutzbemühungen. Er rettet auch in gewisser Weise unsere humanistische Tradition in das KI-Zeitalter herüber, denn er nimmt den User als Gegenüber in seiner Selbstbestimmtheit ernst.

Es stimmt auch keinesfalls, dass dialogbasierte KI schlechtere Ergebnisse liefern würde als Vorgehensweisen, die aus möglichst vielen persönlichen Daten ein Nutzerprofil konstruiert, denn ein Nutzerprofil ist das, was derzeit von der Auswertung all der gesammelten Daten übrig bleibt. Denn Nutzerprofile sind statisch. Sie passen sich spontanen Entscheidungen von lebendigen Menschen nicht in Echtzeit an. Menschen können sich spontan umentscheiden und auch spontan ihre Vorlieben ändern. Dieses spontane Verhalten ist kein Zufallsprozess, sondern Resultat von Überlegungen. Selbst wenn man auf die universalen Fähigkeiten von Deep Learning glaubt, kommt man damit im spontanen Umgang mit Menschen an eine harte Grenze: Je komplexer ein Deep-Learning-Algorithmus ist, desto datenhungriger ist er. Aber spontanes Verhalten von Kunden z. B. in einem Webshop teilt sich nur durch wenige Datenevents mit, die vom Kunden produziert werden, viel zu wenig, um damit einen Deep-Learning-Algorithmus um zu trainieren. Aber wie kommen wir, ohne das „Universalwerkzeug" Deep Learning direkt einsetzen zu können, trotzdem zu Produktempfehlungen, die von Kunden als relevant eingestuft werden? Wir haben gesehen, dass wir Collaborative Filtering einsetzen können, um, gespeist durch das Verhalten des Kundenkollektivs, Ordnung in die Produktlandschaft eines Webshops zu bringen. Wir haben auch gelernt, wie sich im Prinzip Hyperpersonalisierung auf die Qualität des direkten Kundendialogs auswirken kann. Aber offensichtlich fehlt noch eine Menge auf dem Weg zur relevanten personalisierten Empfehlung.

Eine kritische Hinterfragung eines Axioms
Wie wir gesehen haben, sind Profile die Nahrung für Personalisierungsalgorithmen. Ganz unhinterfragt gilt dabei das Axiom: Je mehr Details ich im Profil einer Person habe, desto genauer kann Personalisierung arbeiten. Man folgt dabei unhinterfragt Erkenntnissen aus anderen Bereichen wie: Je mehr Pixel meine Kamera hat, desto detailschärfer ist das Bild. Aber selbst bei einer Kamera funktioniert das nur, wenn ich zeitli-

che Entwicklung ausklammere. Bei einer Kamera heißt das, sehr kurze Belichtungszeiten zu wählen. Wähle ich längere Belichtungszeiten und fotografiere z. B. einen Baum im Wind, so wird das Ergebnis verschwommen sein. Dieses verschwommene Ergebnis ist formal gleichbedeutend mit einer erheblichen Reduzierung der Auflösung oder, mit anderen Worten, einer erheblichen virtuellen Reduktion der Anzahl der Kamerapixel.

Auf Profile übertragen bedeutet dies, dass ich ein behavioristisches Menschenbild zugrunde lege,[25] eine statische Reiz-Reaktions-Kopplung, die es wohl gibt, aber als Menschenbild dem Lebewesen Mensch nicht gerecht wird. Dieser Aspekt sollte bei den zurzeit vielfach, vor allem in Europa laufenden Diskussionen über die Ethik der KI explizit berücksichtigt werden.

2.5.4 Produktdaten, die Quelle des Wissens

Wenn ein Service sich auf Produkte bezieht, sei es eine Produktsuche, ein Empfehlungsservice oder ein Produktberater, so braucht man eine Datenquelle, in der möglichst differenziertes Wissen über die Eigenschaften der einzelnen Produkte gespeichert ist. Diese Datenquelle nennt sich meistens Produktkatalog und ist in jedem Webshop zu finden. Betrachtet man ein einzelnes Produkt auf einer Produktdetailseite eines Webshops, so bekommt man jede Menge Information von Preisangaben, Produktbildern, Beschreibungstexten bis hin zu Größenangaben und Verpackungsmaßen. Die Quelle dieser Information ist der besagte Produktkatalog. Das Shopsystem greift direkt darauf zu. Aber der Produktkatalog enthält noch mehr Daten. Ein ganz wichtiges Feld in diesem Produktkatalog ist das sogenannte Kategoriefeld. Es enthält einen hierarchischen Pfad, der ein gegebenes Produkt auf mehreren Ebenen klassifiziert. „Herrenbekleidung>Jeans>Slim Jeans" oder „Schuhe>Outdoorschuhe>Wanderschuhe" sind typische Beispiele für einen Kategoriepfad. Dieser Kate-

---

[25] Pawlows Experimente mit Hunden legte dafür die Grundlage. Pawlow stellte fest, dass bei Hunden, nachdem sie „trainiert" wurden, dass der Ton einer Glocke mit Futter verbunden ist, nachher reflexartig auch ohne Futter beim Ton dieser Glocke Speichelfluss einsetzte.

goriepfad taucht dann in einem Webshop in der einen oder anderen Darstellung wieder als Navigationsleiste auf.

Wie wir schon weiter oben ausgeführt haben, bilden Persönlichkeitsprofile und Konsumprofile, die aus riesigen gesammelten Datenmengen über die einzelnen User gesammelt wurden, eine sehr fragwürdige Quelle, um in eine personalisierte Kommunikation mit einem Webshop-Kunden zu treten. Wir müssen also die Information, die wir brauchen, um z. B. einem Kunden sinnvolle Produktvorschläge zu unterbreiten, woanders herholen. Diese Informationen, die wir brauchen, beziehen sich weniger auf statische Eigenschaften der Kunden, sondern auf die Eigenschaften der angebotenen Produkte. Zusätzlich haben Produkteigenschaften noch die angenehme Eigenschaft, dass sie datenschutzrechtlich unbedenklich sind.

Die Quelle dieser Informationen ist in erster Linie der Produktkatalog. Je differenzierter die Eigenschaften eines Produktes in einem Produktkatalog gespeichert sind, desto differenzierter kann man herausfinden, was ein Kunde wirklich will und desto detaillierter kann man auf die Wünsche jedes einzelnen Kunden eingehen. Wie nutzt man aber die Produkteigenschaften im Produktkatalog oder Productfeed, wie er auch genannt wird, um differenziert herauszufinden, was ein Kunde will?

Entsprechende Algorithmen arbeiten da ganz ähnlich, wie es ein Verkäufer in einem Ladengeschäft auch tut. Nehmen wir ein Schuhgeschäft als Beispiel. Nach einer vorherigen Grobabstimmung wird ein Schuhverkäufer dem Kunden eine Menge von Schuhen zum Anprobieren bringen. Anhand der Reaktionen des Kunden auf die einzelnen Schuhe wird der Verkäufer schnell lernen, welche Eigenschaften der Schuhe dem Kunden gefallen und welche nicht. Nehmen wir an, der Kunde zeigt eine positive Reaktion, wenn der Schuh schwarz ist und statt Schnürsenkel einen Reißverschluss besitzt. Der Schuhverkäufer wird sich darauf einstellen und dem Kunden bevorzugt schwarze Schuhe mit einem Reißverschluss bringen.

Ganz ähnlich geht ein Empfehlungsservice vor. Dies kann dieser Service aber nur, wenn im Produktkatalog für jedes Produkt Informationen über Farbe und Verschlusstyp enthalten sind. Wie man sieht, kann man aus dem Verhalten eines Kunden während des Einkaufs leicht herausfinden, was eine Kunde haben will und was nicht. Dazu braucht man keine

Datengräber, deren Inhalt aus mehr oder weniger dubiosen Datensammeldiensten stammt. Die oben genannte Grobabstimmung am Anfang zwischen Kunde und Verkäufer wird in einem Webshop mit anderen Mitteln durchgeführt. Zu diesem Zweck stehen Services wie Produktsuche und Navigationsleiste zur Verfügung.

2.5.5 Ohne Branchenwissen geht gar nichts

Gehen wir in einen Laden, z. B. in unser Schuhgeschäft, so erwarten wir von einem Verkäufer, dass er die „Gesetze" seiner Branche kennt. Wir erwarten, dass der Schuhverkäufer nach unserer Schuhgröße fragt und dann uns auch Schuhe bringt, die dieser Größe entsprechen. Das mag so trivial klingen, dass wir darüber nie nachdenken und ein solches Verhalten als selbstverständlich voraussetzen. Nutzen wir in einem Webshop einen Empfehlungsservice, so weiß der Algorithmus erst mal nichts über solche Verhaltensregeln. Wir müssen dem Algorithmus diese Verhaltensregeln erst mal beibringen.

Spätestens wenn wir beginnen, einem Empfehlungsalgorithmus solche Regeln beizubringen, merken wir, dass das ganz schön kompliziert ist und es abhängig von der Branche eine ganze Menge von solchen Regeln gibt, die zum Teil auch noch voneinander abhängig sind.

Regeln werden als natursprachliche Sätze formuliert. Sie haben standardisiert die Form:

- Wenn X, dann Y.
- „Wenn ein Kunde nach Businessschuhen fragt, dann zeige ihm nur Businessschuhe".
- „Wenn ein Kunde männlich ist, dann zeige ihm nur Herrenschuhe".

Auch Tatsachen wie „Vegetarier wollen kein Fleisch" kann man immer in die oben genannte Normalform für Regeln bringen: „Wenn der Kunde Vegetarier ist, dann biete ihm kein Fleisch an".

Liest man diese natursprachlich formulierten Regeln, dann erscheinen sie einem höchst trivial, trotzdem muss ein noch so triviales Regelsystem so implementiert werden, dass ein Algorithmus wie der Empfehlungsservice es ausführen kann. Außerdem haben Regeln manchmal die unangenehme Eigenschaft, dass sie voneinander abhängig sind und sich dynamisch miteinander verketten. Nehmen wir noch einmal die trivialen Regeln:

* „Wenn ein Kunde nach Businessschuhen fragt, dann zeige ihm nur Businessschuhe",
* „Wenn ein Kunde männlich ist, dann zeige ihm nur Herrenschuhe",

dann sieht man leicht, dass diese beiden Regeln sich verketten, sobald ein Mann nach Businessschuhen fragt. Zudem sind weiß Gott nicht alle Regeln so trivial, wie die eben genannten, sie können sich im Prinzip sogar wiedersprechen.

Ein Softwaresystem, das allgemeine Regeln ausführen kann, nennt mal eine Rule Engine oder auch Semantic Engine. Eine Semantic Engine hat gegenüber einer „einfachen" Rule Engine noch den Vorteil, dass sie aus zu einem Netz verknüpften Regeln (sogenanntes semantisches Netz) bei einem gegebenen vielschichtigen Input den richtigen verketteten Aktionsablauf selbstständig herausfinden kann. Man muss also die einzelne Ausführung der einzelnen Regeln nicht explizit programmieren. Diese Auflösung von Regelsystemen bei gegebenem Input wird Inferenz genannt.

Semantic Networks und Semantik Engines bilden einen bedeutenden Zweig der Künstlichen Intelligenz, auch wenn sie momentan dank des aufgeblasenen Hypes von Deep Learning nicht im Rampenlicht stehen. Auch in einem Empfehlungsservice ist die Semantic Engine eine bedeutende Baugruppe. Sie ist streng genommen der dominante Teil eines Empfehlungsservices, der letztendlich entscheidet, was zu tun ist, und die anderen, zum Teil selbstlernenden Algorithmen wie Mitarbeiter, nutzt, an die Teilaufgaben delegiert werden. Auch das weiter oben besprochene Collaborative Filtering und auch Hyperpersonalisierung wird in Modulen implementiert, die letztendlich der Semantic Engine zuarbeiten. Die Leistungsfähigkeit eines Personalisierungsservices, wir nehmen hier stellvertretend einen Empfehlungsservice, wird also letztendlich bestimmt durch die Stringenz und Differenziertheit seines Regelsystems und dem Potenzial der einzelnen Subservices, die der Semantic Engine zuarbeiten.

Es ist logisch, dass ich z. B. eine differenzierte Regel wie „wenn der Kunde sich wie ein Sammler verhält, dann …" nur implementieren kann, wenn ich auch einen Subservice habe, der herausbekommt, ob der Kunde sich wie ein Sammler verhält. Insgesamt sollte ein Regelsystem in der Personalisierung das Wissen eines guten Verkäufers so gut wie möglich abbilden und dabei noch die Eigenheiten des digitalen Handels berücksichtigen was uns zum Begriff des digitalen Verkäufers führt, auf den wir noch ausführlich eingehen werden.

2.5.5.1 Systematik der Regeln

Ein ausgefeiltes Personalisierungssystem kann hunderte von Regeln enthalten. Es ist das Wissen, das im Zusammenspiel dieser Regeln enthalten ist, welches die Intelligenz, Flexibilität und Leistungsfähigkeit eines Personalisierungsservices ausmacht. Diese Regeln wirken auf verschiedenen Ebenen. Man kann dabei grob folgende Bereiche ausmachen:

1) Regeln, die sich auf Präferenzen von Kunden beziehen. Die oben genannte triviale Regel „Wenn ein Kunde nach Businessschuhen fragt, dann zeige ihm nur Businessschuhe" gehört in diesen Bereich. Regeln dieser Art beziehen sich auf Produkteigenschaften.
2) Regeln, die sich auf den Status des Kunden in einem Verkaufsprozess beziehen. Ein Beispiel einer solchen Regel wäre: „Solange ein Kunde sich im Such- und Vergleichsmodus befindet, biete ihm als Empfehlung nur Produkte aus derselben Kategorie an". Ob sich ein Kunde im Such- und Vergleichsmodus befindet kann man z. B. dadurch feststellen, dass der Kunde verschieden Einzelprodukte einer Kategorie nacheinander anschaut. Diese Regel dient dazu, den Produktfindungsprozess des Kunden nicht durch andere Produkte zu stören.
3) Regeln, die „Verkaufstricks" enthalten. Eine solche Regel könnte z. B. lauten: „Hat der Kunde eine gewisse Anzahl von Artikeln in den Warenkorb gelegt, so zeige ihm Produkte als Empfehlung, die ihm nicht so gut gefallen". Dies dient dazu, den Kunden davon abzuhalten, sich beim Einkaufen zu verzetteln und ihn zu motivieren, den Einkauf abzuschließen.

Dies sind noch relativ einfache Regeln, die wir hier als Beispiel genannt haben. Wie ausgefeilt die Regeln sein können, hängt natürlich stark davon ab, wie intelligent die Sensoren sind, die ich an das Einkaufsverhalten des Kunden lege. Eine Regel wie „Wenn der Kunde ein Schnäppchenjäger ist, dann zeige ihm gehäuft Sonderangebote" kann ich natürlich nur ausführen, wenn ich den Sensor „Schnäppchenjäger" installiert habe. Sensoren sind in diesem Zusammenhang Algorithmen, die aus einem gegebenen Kundenverhalten Eigenschaften wie „Schnäppchenjäger" extrahieren können. Diese Algorithmen nutzen meist besonders intensiv Künstliche Intelligenz. Und letztendlich muss man betonen dass Regelsysteme von der Qualität und Differenziertheit des Produktkatalogs direkt abhängen. Denn stellt ein Sensor fest: „Der Kunde bevorzugt bei Jeans die Farbe schwarz", dann muss selbstredend die Farbe als Attribut im Produktkatalog enthalten sein.

2.5.5.2   Anreicherung von Produktdaten

Bei der Nutzung neuer, intelligenter Algorithmen und Rule Engines bilden regelmäßig die vorhandenen Produktdaten einen Flaschenhals. Diese Produktdaten wurden ursprünglich so aufgesetzt, dass sie im Betrieb eines klassischen Webshops ihre Aufgabe erfüllen. Deswegen muss ein Anbieter, der neue intelligente Algorithmen zur personalisierten Kundenkommunikation anbietet auch dafür Sorge tragen können, dass das „Rohmaterial" für diese Algorithmen, sprich der Produktkatalog mit entsprechenden Zusatzdaten angereichert werden kann. In diesem Zusammenhang bieten sich im Wesentlichen drei Möglichkeiten an um das zu bewerkstelligen.

Heuristiken
Oft ist es möglich, mithilfe von relativ einfachen, als Regel formulierten Heuristiken wertvolle Zusatzinformationen zu Produkten zu gewinnen. Habe ich z. B. ein Fahrrad, das kein E-Bike ist mit einem Preis größer tausend Euro, so kann ich davon ausgehen, dass sie Ausstattung „gehoben" ist. Habe ich ein Kleidungsstück, dass im kollaborativem Umfeld von anderen Kleidungsstücken vorkommt, die als „trendy" markiert sind, so kann ich mit einer hohen Wahrscheinlichkeit davon ausgehen, dass

dieses Kleidungsstück ebenfalls „trendy" ist. Es ist oft verblüffend, welche zusätzlichen Produkteigenschaften man mit solchen Heuristiken finden kann.

Bildanalyse mittels KI-Verfahren

Es ist de facto Industriestandard, dass eine Produktbeschreibung in einem Produktkatalog auch mindestens einen Link zu einer Produktabbildung enthält. Dieses Bild kann man mittels KI-Verfahren analysieren, um zu neuen Produkteigenschaften zu gelangen. Am einfachsten ist es noch, z. B. Farbinformationen aus dem Bild zu extrahieren. Aber dank Deep Learning ist es auch möglich, wesentlich komplexere Produkteigenschaften zu gewinnen, denn gerade in der Bildanalyse zeigt Deep Learning besondere Stärken. Eine weitere, allerdings sehr anspruchsvolle Vorgehensweise ist es, beschreibende Texte, die einem Produkt zugeordnet sind, einer semantischen Analyse zu unterziehen, um daraus zusätzliche Produkteigenschaften zu gewinnen.

Clickworker

Helfen die eben beschriebenen Vorgehensweisen nicht weiter, so kann man auf Menschen zurückgreifen, die Produkte von Hand bearbeiten. Es gibt etliche Möglichkeiten, solche Jobs an eine Community von sogenannten Clickworkern zu vergeben, die gegen Bezahlung gewünschte Produkteigenschaften aus Produktbeschreibungen extrahieren. Dies funktioniert nach unserer Erfahrung aber nur dann wirklich gut, wenn man für diese Clickworker eine Web-Oberfläche bereitstellt, die den einzelnen Menschen, die diesen Job verrichten, bei ihrer Arbeit intelligent unterstützt und dabei auch Redundanz- und Kontrollmechanismen einbaut.

3

E-Commerce

3.1 Anatomie eines Webshops

Auch wenn wir in diesem Buch versuchen, beim Thema Künstliche Intelligenz und Personalisierung über den Tellerrand zu blicken, um zumindest ein Big Picture des gesamten Themas zu skizzieren, wollen wir nicht vergessen, dass unser Schwerpunktthema E-Commerce heißt. Eine Website, auf der Produkte zum Kauf angeboten werden, nennt man einen Webshop. Bevor wir uns zu stark mit den Eigenheiten einzelner Webshop-Services beschäftigen, sollten wir uns noch einmal kurz mit dem „Gerüst" auseinandersetzen, auf das die einzelnen Services aufbauen, dem Shopsystem selbst. Erst wenn wir die Struktur eines Webshops, der gewissermaßen als „Auftraggeber" für die einzelnen Personalisierungsservices fungiert, verstehen, können wir auch die speziellen Eigenheiten von einzelnen Personalisierungsservices besser begreifen.

3.1.1 Wie ist ein Webshop aufgebaut?

Shopsysteme gibt es von den verschiedensten Herstellern. Das Erscheinungsbild wird vom Shopbetreiber oder einer Agentur auf der Basis des

© Springer Fachmedien Wiesbaden GmbH, ein Teil von Springer Nature 2020
M. Bernhard, T. Mühling, *Verantwortungsvolle KI im E-Commerce*,
https://doi.org/10.1007/978-3-658-29037-5_3

Shopsystems individuell programmiert. Ein Webshop ist auch keine monolithische Angelegenheit, sondern besteht heute aus Komponenten. Wir brauchen eine Kurzform der Anatomie eines Webshops, so wie wir im Körper die Funktion der Muskeln nur verstehen können, wenn wir wissen, wo diese Muskeln am Skelett festgewachsen sind. Erst dann können wir, wie gesagt, im Detail verstehen, welche Anforderungen an einen Personalisierungsservice gestellt werden. Wir wollen den Aufbau eines Webshops hauptsächlich aus dem Blick eines Users betrachten und dann darauf eingehen, was die einzelnen sichtbaren Komponenten, die auch Widgets genannt werden, mit Personalisierung zu tun haben. Also, was sieht ein User, wenn er einen Webshop betritt?[1]

3.1.1.1 Landingpage

Zuerst erscheint die Startseite, die sogenannte Landingpage. Auf dieser Seite findet man eine ganze Menge. Am oberen Rand befindet sich eine Menüleiste, die generelle Funktionen anbietet wie „Kontakt", „Über uns" etc. In dieser Menüleiste besteht meist auch die Möglichkeit, sich anzumelden um die Vorteile einer direkten Personalisierung genießen zu können.

Direkt darunter befindet sich ein Widget, das den Zugang zu den Produkten auf zweierlei Weise ermöglicht. Auf der einen Seite haben wir dort einen groben Zugang zu den Produkten über die oberste Ebene der Produktkategorien, auf der anderen Seite sieht man ein Eingabefeld, das die direkte Suche nach Produkten, Kategorien, Autoren, etc. erlaubt.

Darunter sieht der Kunde einen Bereich, in dem wechselnde populäre Angebote auftauchen. Es folgt eine Leiste, mit deren Hilfe man in verschiedene sogenannte Produktwelten eintauchen kann sowie direkten Zugang zu Topsellern bekommt. Produktwelten oder auch Themenwelten bezeichnen eine Menge von Produkten, die in einem semantischen Zusammenhang stehen. „Geschenke zu Ostern" wäre ein Beispiel für eine Themenwelt. Es folgen dann noch Empfehlungen auf verschiedenen Ebenen.

---

[1] Wir beziehen uns hier exemplarisch auf das Schweizer Unternehmen Exlibris. https://www.exlibris.ch/de/. Zugegriffen am 30.10.2019.

Wie man sieht, ist schon die Startseite nicht ganz einfach aufgebaut. In gewisser Weise kann man sie mit einem Schaufenster vergleichen. Was man nicht gleich sieht ist, dass auch dieses Schaufenster personalisiert ist. Die Wiedererkennung eines Kunden, der schon in der Vergangenheit mit diesem Webshop interagiert hat, geschieht mithilfe von Cookies. Personalisierung dieser Startseite bedeutet darüber hinaus, dass jedes der Widgets, die dem Kunden Vorschläge macht, ihren eigenen Empfehlungsservice hat. Natürlich kommen alle Empfehlungen physikalisch von ein und demselben Empfehlungsservice, aber dieser Service wird individuell für jedes Widget, das eine Empfehlung anfordert, etwas anders reagieren. In der Praxis wird dieses Verhalten durch eine widgetabhängige Parametrisierung erreicht.

Wie nun verhält sich ein Empfehlungsservice, wenn ein neuer Kunde den Shop betritt? Es wirken dann Default-Einstellungen, die z. B. Topseller aus verschiedenen Kategorien ausspielen. Bei einem guten Empfehlungsservice ist das natürlich alles einstellbar. Es ist klar, dass eine gut konstruierte Startseite einen nicht unerheblichen Einfluss auf die sogenannte „Stickiness" eines Webshops hat. Stickiness ist der gebräuchliche Fachausdruck dafür, wie anziehend eine Seite auf einen User wirkt, was sich dann wieder direkt auf die Aufenthaltsdauer eines Users auf die zugeordnete Website auswirkt. Weist dazu die Startseite noch gute personalisierte Empfehlungen auf, so kann ich ihren Nutzen weiter erhöhen. Denn wenn ich auf der Startseite schon Produkte finde, die mir zusagen, macht mich das neugierig und ich werde mich intensiver mit dem Shop beschäftigen, was sich natürlich auf die Wahrscheinlichkeit, dass ich auch etwas kaufen werde, positiv auswirkt. Schon anhand des kurzen Beispiels einer personalisierten Startseite kann man erahnen, welche komplexen Aufgaben ein guter Empfehlungsservice bewältigen muss und welche differenzierten Einstellungsmöglichkeiten man im Endeffekt braucht.

3.1.1.2 Kategorieseite

Klicken wir zum Beispiel jetzt in der Top-Kategorieleiste auf den Eintrag „Filme", klappt das Menü auf und wir bekommen eine Auswahlliste der nächsten Hierarchieebene für die Top-Kategorie „Film". Wählen wir dort z. B. „Blue Ray", so werden wir auf eine anders gestaltete Seite geleitet. Diese zeichnet sich dadurch aus, dass auf der linken Seite sich ein permanentes Menü zeigt, dass die ganzen Unterkategorien für das Genre „Film" auflistet, wobei jetzt die Unterkategorie „Blue-Ray" aufgeklappt ist. Was auffällt ist, das wir auf dieser sogenannten Kategorieseite auch Empfehlungen sehen. Außerdem bekommen wir alle verfügbaren Filme in alphabetischer Reihenfolge aufgelistet, jeweils zwanzig Produkte je Seite, die eine Unmenge von zusätzlichen Tabs produzieren. Geht man jetzt auf die feinste, granulare Stufe des Kategoriebaums, also z. B. „Action", bekomme ich immer noch jede Menge Einzelprodukte angezeigt, nur die Anzahl Tabs ist natürlich etwas weniger geworden. Obwohl ich in den Kategorieseiten noch Filter setzen kann, ist das Durchforsten solcher Produktlisten eine Sache für Fetischisten, ganz ähnlich wie beim Durchgehen von Suchergebnissen einer Suchmaschine, nur dass eine alphabetische Ordnung natürlich keine angemessene Relevanz liefert.

Viele andere Webshops begegnen diesem Problem auf den Kategorieseiten mit umfangreichen Filtern, mit denen man die Menge der relevanten Produkte erheblich einschränken kann. In Fashionshops gibt es z. B. Filter wie „Farbe", „Marke", „Material" usw. Aber was will ich bei Filmen für wirklich wirksame Filter setzen, ohne dass man wieder Filter für Filter brauchen würde. Es gibt Unmengen von Schauspielern und Regisseuren, viel zu viele, um sie auf einer Filterleiste alle aufzuführen.

Erinnern wir uns an Punkte, die wir weiter oben ausgeführt haben. Das Ziel des Webshops muss es sein, die Anzahl der vom Kunden als lästig empfundenen Klicks zu minimieren. Ein Weg, um das zu erreichen ist, dem Kunden mehrere verschiedene Methoden anzubieten, um zu seinen gewünschten Produkten zu gelangen. Ein Weg ist die Nutzung der Navigationsleiste, um im Kategoriebaum einen Eintrag, z. B. Filme→DVD→Action auszuwählen, und nachher die möglichst noch durch geeignete Filter eingeschränkte Ergebnismenge zu durchforsten. Aber es gibt noch andere Wege, um zu einem gewünschten Produkt zu gelangen.

3.1.1.3 Produktsuche

Begeben wir uns bei unserem als Beispiel herangezogenen Exlibris-Shop wieder auf die Startseite so finden wir deutlich sichtbar ein großes Eingabefeld, das mit einer symbolischen Lupe gekennzeichnet ist. Eine User-Eingabe in dieses Feld veranlasst einen speziellen Suchservice, alle vorhandenen Einträge im Produktkatalog nach möglichen Übereinstimmungen von Feldern im Katalog mit dem im Suchfeld eingegebenen Text zu durchforsten. Bei Exlibris gibt es viele Millionen Produkte und damit Einträge im Produktkatalog. Man erwartet von einem solchen Suchservice, dass er die Ergebnisse quasi in Echtzeit liefert. Vor allem erwartet man von einem solchen Service, dass er intelligent reagiert, so wie man es inzwischen von Suchmaschinen wie Google gewohnt ist. Man kann sich vorstellen, dass hinter einem solchen Service jede Menge Intelligenz, Künstliche Intelligenz, steckt. Auch Suchservices können und sollten personalisiert sein.

Wir wollen uns an dieser Stelle nicht näher mit der Anatomie eines solchen Suchservices oder Search Engine, wie er auch genannt wird, auseinandersetzen. Wir haben dies ansatzweise an anderer Stelle getan. Wichtig ist uns an dieser Stelle sein Platz im Gesamtgefüge eines Webshops. Man sollte sich vor Augen halten, dass ein Suchservice, vor allem, wenn er personalisiert ist, formal ein Empfehlungsservice ist. Denn die Vorschläge, die ein Suchservice auf eingegebene Suchbegriffe zurückliefert, sind Empfehlungen, die durch einen verbalen Input getriggert wurden.

Im Webshop spielt die Produktsuche eine überaus wichtige Rolle. Sie ebnet den Weg zu gesuchten Produkten, wenn der Kunde einigermaßen oder genau weiß, was er sucht. Ein guter Suchservice minimiert also im oben genannten Sinne die Anzahl der vom Kunden als lästig empfundenen Klicks. Erinnern wir uns an das Kapitel über Jäger, Sammler und Sucher. Eine Produktsuche ist für alle drei Gruppen und ihren Mischformen geeignet, wobei bei expliziten Sammlern noch zusätzliche „Vorkehrungen" vorhanden sein sollten, auf die wir noch zu sprechen kommen werden.

Denn gebe ich in die Suchleiste z. B. „Krimis" ein, so werde ich als Ergebnis eine große Auswahl an Produkten präsentiert bekommen, ganz ähnlich, wie wenn ich die oben beschriebene Kategorieleiste verwendet hätte. Ich befinde mich dabei im Suchmodus. Gebe ich hingegen „Agatha Christi Poirot" ein, so befinde ich mich im Jägermodus und werde eine enge Auswahl von Produkten bekommen.

Besonders hilfreich bei der Produktsuche ist der sogenannte Typeahead. Dies ist, wie wir schon weiter oben erörtert haben, eine kurze Liste, die dem Kunden bereits Produktinformation liefert, während er noch Buchstaben in das Suchfeld tippt. Geben wir beim Exlibris-Shop zum Beispiel die Buchstabenkombination „Harr" ein, so wird der Typeahead ohne Zeitverzögerung „Harry Potter: Complete Collection" auflisten. Darunter erscheinen erst andere sinnvolle Vorschläge. Es wird also die Popularität von Artikeln explizit mit einbezogen. Wir kennen das alles auch von Google und anderen allgemeinen Suchmaschinen, sodass wir die Komplexität des Typeahead gar nicht mehr bewusst wahrnehmen, obwohl er signifikant unser Konsumverhalten, nicht nur im Webshop, beeinflusst. Der Typeahead ist also eine extrem nützliche Form der Beratung während eines Suchprozesses, denn wir können seine Zielgenauigkeit durch unser Verhalten steuern. Geben wir nur wenige Buchstaben in das Suchfeld ein, bekommen wir die populärsten Vorschläge. Mit jedem Buchstaben, den wir mehr tippen, wird die Zielgenauigkeit des Typeahead größer. Populäre Vorschläge sind ein guter Startpunkt zum Stöbern für Sucher und Sammler, zielgenaue Vorschläge kommen Jägern zu gute.

Wir haben jetzt zwei verschiedene Herangehensweisen gesehen, wie ich als Kunde den Webshop nutzen kann. Um die weiteren Möglichkeiten kennenzulernen, werden wir uns wieder der Anatomie eines Shops zuwenden.

3.1.1.4 Produktdetailseite

Wir haben bis jetzt zwei Hierarchieebenen eines Webshops gesehen. Die oberste Hierarchieebene ist die Startseite, die Landingpage. Von dort kommen wir, wenn wir Navigation oder Produktsuche benutzen, auf Seiten, die eine wie auch immer dargestellte Liste von Einzelprodukten

zeigt. Nutzen wir die Navigationsleiste, so kommen wir auf die sogenannte Kategorieseite, starten wir die Produktsuche, so landen wir auf
einer Suchergebnisseite.

Wenn wir jetzt ein angebotenes Produkt auf Kategorieseite oder Suchergebnisseite anklicken, so kommen wir auf die dritte Hierarchieebene
eines Webshops, die Produktdetailseite. Auf der Produktdetailseite sehen
wir neben einem Bild den Namen des gewählten Produkts sowie den
Preis und einen mehr oder weniger umfangreichen Beschreibungstext.
Zusätzlich hat man von dieser Produktdetailseite Zugang zu allerhand im
Produktkatalog gespeicherten Einzelinformationen.

In unserem ausgewählten Exlibris-Shop findet man, wie in vielen
Webshops, außerdem noch Kundenbewertungen sowie die Möglichkeit,
als Kunde eine Produktbewertung abzugeben. Sieht man mehrere Detailseiten nacheinander an, findet man auf diesen Seiten auch noch die persönliche Historie, also alle Artikel, für die man während der laufenden
Session schon die entsprechende Produktdetailseite aufgerufen hat. Natürlich findet sich hier auch das Wichtigste für einen Webshop, der Zugang zum Warenkorb.

Auch auf der Produktdetailseite finden sich Empfehlungen, insofern
das gewählte Produkt eine gewisse Popularität besitzt. Suche ich nach
„Biologie der Realität" von Humberto R. Maturana, einem bemerkens-
werten chilenischen Evolutionsbiologen, bekomme ich keine Empfehlungen. Da die Empfehlungen auf der Produktdetailseite Collaborative
Filtering benutzen, bekomme ich keine signifikanten Empfehlungen, da
das allgemeine Interesse der Käuferschaft an Humberto R. Maturana
wohl recht gering ist.

Neben Nutzung der Kategorieseiten und der Produktsuche bildet die
Produktdetailseite über ihre Empfehlungen eine dritte Möglichkeit, interessante Produkte zu finden. Diese Empfehlungen regen zum Stöbern an
und bedienen damit Sucher und Sammler. Über die gleichzeitig vorhan-
dene persönliche Historie („zuletzt angeschaut") auf der Produktdetailseite habe ich auch die Möglichkeit, mich wieder aus „Sackgassen", die
beim Stöbern auftauchen können, herauszulavieren.

Auf eine Eigenheit der Produktdetailseite bei Exlibris möchte ich noch
gesondert eingehen. Neben dem Widget „Beschreibungen" findet sich
ein Bereich mit der Überschrift „Produktinformationen". Dort sind die

Attribute „Regie" und „Schauspieler" als Links ausgeführt. Wie wir oben schon bemerkt haben, sind bei Exlibris die Filtermöglichkeiten auf den Kategorieseiten sehr begrenzt, da einen die Anzahl möglicher Filteroptionen schier erschlagen würde. Die Produktinformationen auf der Produktdetailseite bieten dafür eine gewisse Kompensation. Ich kann gezielt nach Regisseuren oder Schauspielern suchen. Dies würde in Etwa der Filterung der Produkte auf der Kategorieseite nach Regisseuren und Schauspielern entsprechen.

3.1.1.5 Die Warenkorbseite

In gewisser Hinsicht ist die Warenkorbseite die kommerziell wichtigste Seite eines Webshops. Von dort ausgehend führe ich meine Bestellung aus. Dementsprechend ist die Warenkorbseite fast bei allen Webshops mit großer Sorgfalt entworfen. Wir wollen hier nicht auf die weiteren Seiten eingehen, die ausgehend von der WarenkorbsSeite einen positiven Bestellvorgang durch einen Kunden ermöglichen und fördern. Diese Warenkorbempfehlungen machen besonderes Sinn, wenn ein Shop Produkte hat, die aus einer anderen Kategorie stammen als die bestellten Produkte, aber trotzdem gut zu den bestellten Produkten passen. Nehmen wir einen Fashionshop. Bestellt jemand eine Hose, so hat der Shop mit Sicherheit Gürtel, die zu einer bestellten Hose passen würden. Die Warenkorbseite ist genau der richtige Platz, um Zubehör zu bestellten Produkten oder passende Accessoires anzubieten.

3.1.1.6 Kleiner Ausflug in die Technik

Es ist nun doch im Hinblick auf das Gesamtverständnis interessant, kurz zu erläutern, was technisch passiert, damit ein Kunde z. B. eine Produktdetailseite zu sehen bekommt. Dafür werden im Shopsystem sogenannte Templateseiten definiert. Diese Templateseiten sind HTML- oder XML-Code und legen das generelle Erscheinungsbild einer Seite fest. Die Templateseite z. B. für eine Produktdetailseite bestimmt das Aussehen und die Funktionalität aller Detailseiten, die ein Kunde zu sehen bekommt.

Wird diese Seite vom Kunden für ein bestimmtes Produkt aufgerufen, so gibt es in der entsprechenden Templateseite markierte Stellen, in die zur Laufzeit die entsprechenden Daten eingefügt werden, z. B. Produktname, Produktbild, URL, Beschreibungstext etc., bevor dann die ausgefüllte Seite zum Browser des Kunden geschickt wird. Auch Serviceaufrufe wie Aufrufe an den Empfehlungsservice werden genau in diese Templateseite eingefügt. Der Aufruf des Services und das Darstellen (Rendern) der Ergebnisse passiert dann nicht im Webshop-System, sondern im Browser des Kunden.

3.1.1.7 Zusammenfassung

Wir haben gesehen, dass Webshops eine innere Grobstruktur besitzen, die relativ unabhängig vom Betreiber des Shops ist. Einzelne Webshops mögen sich in durchaus wichtigen Details unterscheiden, aber die quasi dreistufige Hierarchie bildet ein relativ universelles Rückgrat für jeden Shop. Ein guter Webshop ist so konstruiert, dass er dem Kunden mehrere Wege anbietet, um zu seinen gewünschten Produkten zu gelangen und viele Mechanismen bereithält, um den Kunden möglichst lange im Shop zu halten. Sollte ein Shop mehr als eine Handvoll verschiedene Produkte anbieten, so ist eine Produktsuche unverzichtbar.

Natürlich funktioniert kein Online-Shop ohne Warenkorb und angegliederten Bestellprozess einschließlich diverser Zahlungsmöglichkeiten. Wir haben weiterhin gesehen, dass das Zusammenspiel von Kategoriebäumen, Produktsuche und richtig parametrisierten Empfehlungen essenziell für den Erfolg eines Webshops sein kann. Berücksichtigt man noch die verschiedenen Käufertypen, so wird das ausgeklügelte Miteinander der einzelnen Komponenten etwas durchsichtiger und planbarer.

Wir werden im Abschn. 3.2 untersuchen, wie weit durch noch engmaschigeres Zusammenspiel von Personalisierungskomponenten wie Empfehlungen und auch Suchalgorithmen die Effizienz eines Online-Shops noch weiter gesteigert werden kann und ob wir eventuell noch etwas Neues gut gebrauchen könnten. Zunächst wollen wir uns aber wieder einem durchaus erhellenden Vergleich von stationärem Handel versus Distanzhandel zuwenden.

3.2   Der digitale Verkäufer

Im stationärem Handel gibt es, sofern es sich nicht um einen Discounter handelt, Verkäufer. Er oder sie sollen den Kunden in verschiedenen Phasen seines Einkaufsprozesses unterstützen. Der Verkäufer wird sich im Interesse seines Arbeitgebers auch darum bemühen, dass ein Kunde eher etwas mehr Geld im Laden lässt als weniger.

Auch ein Webshop hat die Aufgabe, zu verkaufen. Der Verkauf im Distanzhandel muss aber im Gegensatz zum stationären Handel automatisiert stattfinden. Deswegen liegt es nahe, das Konstrukt eines digitalen Verkäufers einzuführen. Um die Aufgaben eines digitalen Verkäufers besser zu verstehen, müssen wir uns mit dem Prozess des Verkaufens etwas näher auseinandersetzen. Es zeigt sich, dass man einen Verkaufsprozess grob in vier Phasen unterteilen kann. Wir werden uns nachfolgend auch mit dem beschäftigen, was man in der Fachsprache **Customer Journey** nennt.

Die technische Umsetzung von Themen wie der „digitale Verkäufer" ist natürlich ohne den massiven Einsatz von KI-Methoden nicht möglich.

3.2.1   Die vier Phasen des Verkaufsprozesses

Die vier Phasen sind in unserem Verkaufsmodell die Orientierungsphase, die Beratungsphase, die Inspirationsphase und die Kundenbindungsphase. Mit diesen vier Phasen wollen wir uns jetzt ein wenig genauer befassen.

3.2.1.1   Die Orientierungsphase

Betrete ich als Kunde einen Laden, in dem ich mich nicht besonders gut auskenne, so ist meine erste Aktion, mich zu orientieren. Wo muss ich hinlaufen, um die Produkte zu finden, die ich haben möchte? In welchem Regal befindet sich ein Artikel, den ich suche? Betrete ich ein mehrstöckiges Bekleidungsgeschäft, so finde ich am Eingang oder an den Rolltreppen Hinweisschilder, die grob anzeigen, wo ich welche Produkte finden kann. 1. Stock Damenbekleidung, 2. Stock ... usw. Ohne jetzt vorgreifen zu wollen, erinnern diese Schilder an die Kategorieleiste in einem Webshop. Es ist für einen Verkaufserfolg zwingend notwendig, dass ein Kunde bei seiner Orientierung bestmöglich unterstützt wird. Die „Default"-Unterstützung ist dabei, den Laden klar zu gliedern und entsprechende Hinweisschilder anzubringen. Auch bei einem Discounter, in dem es sehr wenige Verkäufer gibt, findet man eine solche Unterstützung. Über jedem Regal befindet sich ein klar erkennbares Hinweisschild, was in dem entsprechenden Regal zu finden ist. z. B. „Putzmittel", „Backwaren" etc.

Allerdings ist es für einen Kunden wesentlich bequemer, einen Verkäufer zu fragen, wo er ein bestimmtes Produkt finden kann. Je nach Konkretheit der Frage, wird der Verkäufer dem Kunden einen konkreten Ort im Laden, oder ihm mehrere Orte nennen. Wenn ich z. B. frage „wo finde ich Hemden?" so wird der Verkäufer etwa so antworten: „Herrenhemden sind im zweiten Stock, Freizeithemden links von der Rolltreppe, Businesshemden rechts". Man sieht klare Parallelen zur Produktsuche in einem Online-Shop.

3.2.1.2 Beratungsphase

Erreicht nun der Kunde den Bereich in einem Ladengeschäft, wo seine gewünschten Artikel zu finden sein sollten, so finden sich dort meistens mehrere Alternativen von dem, was sich der Kunde vorgestellt hat. Ein Regalbereich oder Vergleichbares, der ähnliche Artikel zur Schau stellt, entspricht in etwa einer Unterkategorie im Webshop. Zum Beispiel Herren→Hemden→Freizeithemden im Webshop entspricht im Ladengeschäft einem Kleiderständer, an dem dicht an dicht verschiedenste Freizeithemden hängen. Dieser Kleiderständer sollte noch eine innere Ordnung aufweisen, in dem es verschiedene Unterabschnitte, die nach Konfektionsgröße geordnet sind, gibt. Es gibt nun mehrere Möglichkeiten, wie sich ein Kunde verhalten kann. Bei Freizeithemden dürften viele Kunden anfangen, das Angebot zu durchstöbern, um ab und zu ein Kleidungsstück herauszunehmen und es zwecks Anprobe irgendwo hinzulegen.

Es gibt aber auch viele Kunden, die einen Verkäufer in Anspruch nehmen. Man hört dann Fragen wie „Gibt es dieses Hemd auch eine Nummer größer?" oder „Haben sie auch Freizeithemden, die nicht ganz so farbenfroh sind?" Bei anderen Kategorien im Bekleidungsgeschäft hört man oft Fragen wie „Können Sie mir bitte Hosen zeigen, die zu diesem Sakko passen?" In Geschäften mit beratungsintensiven Produkten z. B. einem Computergeschäft kommen oft Fragen vor wie „Was unterscheidet diese beiden Tablet-Modelle?" oder „Warum ist dieses Smartphone so viel teurer als dieses andere hier?". Der Spielraum der möglichen Fragen ist sehr breit. Dieser Umstand macht es nicht einfach und mitunter sogar unmöglich, den Bereich Beratung in einem Online-Shop vollständig digital abzudecken. Auf der anderen Seite wird kein Kunde ein Produkt kaufen, bevor nicht seine Fragen bezüglich dieses Produkts erschöpfend geklärt sind. Dies macht deutlich, wie wichtig Beratung im Verkaufsprozess ist. Es ist aber auch leicht einzusehen, dass die Vielschichtigkeit von Beratungsanforderungen seitens der Kunden es nicht leicht macht, dieses Thema digital umzusetzen.

3.2.1.3   Inspirationsphase

Inspirieren bedeutet im Kontext des Handels, Kunden für Produkte zu interessieren, die er, als er den Laden betrat, noch gar nicht im Fokus hatte. Wie gut die Inspiration eines Kunden funktioniert, ist stark abhängig vom Kundentyp (Jäger, Sucher oder Sammler) und von der Branche, in der wir uns bewegen. Ich möchte an dieser Stelle noch bemerken, dass der Kundentyp eines potenziellen Käufers genauso wenig statisch ist wie das gesamte Verhalten eines Menschen. Ein Kunde kann als Jäger einen Laden betreten und kann sich dort zum Sucher oder gar Sammler verwandeln. Deswegen sollten wir einen Kunden nicht als Jäger, Sucher oder Sammler bezeichnen, besser wäre es zu sagen, ein Kunde befindet sich gerade im Jäger-, Sucher- oder Sammlermodus. Natürlich gibt es charakterliche Eigenheiten bei jedem Menschen, die dazu führen, dass sich eine Person bevorzugt im Jäger- oder im Sammlermodus befindet.

Einen Menschen im Jägermodus wird ein Verkäufer nur schwer inspirieren können, sich außer dem „erjagten" Produkt noch andere Produkte anzusehen, außer er überzeugt den Kunden, dass es zu dem von ihm anvisierten Produkt noch bessere Alternativen gibt. Dann wandelt sich der Jäger zu einem Sucher. Einen Sucher sollte man gar nicht versuchen zu inspirieren, denn er ist gerade dabei, die beste Lösung für seinen Einkaufswunsch zu finden. Bleiben die Sammler. Diese sind leicht zu inspirieren, sich noch ein paar Produkte mehr anzuschauen. Wichtig noch zu wissen: Die Wirkung von Kundeninspiration ist branchen- und produktabhängig.

Geht ein Kunde in einen Baumarkt, weil er bestimmte Schrauben braucht, ist es für einen Verkäufer wohl in den meisten Fällen erfolglos, ihm zum Kauf eines Akkuschraubers zu inspirieren. Vielleicht ist der Verkäufer erfolgreicher, wenn er dem Kunden noch passende Unterlegscheiben empfiehlt, also formal Zubehör zu den Schrauben. Aber ich habe noch keinen Baumarkt erlebt, in dem die Verkäufer darauf warten, einem schraubenkaufenden Kunden noch Unterlegscheiben zu empfehlen. Anders sieht es aus, wenn ein Kunde an einem neuen Badezimmerschrank interessiert ist. In diesem Falle steht im Baumarkt immer ein Verkäufer bereit, der dem Kunden allerlei Accessoires anbieten wird. Komplett anders ist der Fall bei Fashiongeschäften gelagert. Kaufe ich eine Hose, so gibt es immer auch ein passendes Hemd oder einen passenden Gürtel. Das geht in der Fashionbranche so weit, dass man mit kompletten Outfits arbeitet, die eine stimmige Komplettankleidung eines Kunden oder einer Kundin anbieten.[2]

Wir sehen, Kundeninspiration hat etwas mit Empfehlungen zu tun. Setze ich die Inspirationsphase in einem Online-Shop um, so wird auch der Empfehlungsservice dabei eine dominante Rolle spielen. Wir haben aber auch versucht, deutlich zu machen, dass Kundeninspiration eine sensible Sache sein kann. Das gilt vor allem, wenn sich der Kunde gerade im Suchermodus befindet.

Auf der anderen Seite kann es durchaus erfolgreich sein, wenn ich einen Kunden, der als Jäger einen Laden betritt, in den Suchermodus ver-

---

[2] Outfits spielen auch in Online-Fassionshops eine zunehmend größer werdende Rolle. Neben den zurzeit oft verwendeten, händisch zusammengestellten Outfits gibt es auch Anbieter, die mittels KI automatisierte Outfits generieren, die den händischen Outfits in puncto Qualität in nichts nachstehen und dabei naturgemäß wesentlich flexibler sind, als starre, manuell generierte Outfits. Die epoq internet services GmbH ist z. B. ein solcher Anbieter von automatisiert generierten Outfits.

setze, in dem ich ihm klarmache, dass es zu seinem anvisierten Produkt durchaus sinnvolle Alternativen gibt. An dieser Stelle zeigt sich auch, dass Empfehlungen in zwei grundsätzlich verschiedenen Weisen ausgesprochen werden können. Zum einen im sogenannten „In Category Mode", zum anderen im „Out of Category Mode".

Im ersten Fall zeige ich Alternativprodukte, im zweiten Fall Produkte, die zu einem gewählten Produkt passen, aber aus einer anderen Produktkategorie stammen, wie zum Beispiel Hemden oder Gürtel, wenn das gewählte Produkt eine Hose ist. Die Alternativprodukte brauche ich, wenn sich ein Kunde im Suchermodus befindet oder vom Jäger in einen Sucher verwandelt werden soll.

3.2.1.4 Kundenbindungsphase

Ziel jedes Verkaufs in einem Geschäft muss es sein, den Kunden dazu zu bewegen, dass er wiederkommt. Die implizite Form, das zu erreichen ist, beim Kunden einen positiven Eindruck vom betreffenden Geschäft zu hinterlassen. Dazu gehört, dass die Preise stimmen, dass der Kunde eine gute, freundliche und kompetente Beratung erhalten hat, dass das Geschäft über Artikel verfügt, die den Kunden prinzipiell interessieren, dass der Kunde eventuell Rabatte erhalten hat oder interessante Sonderangebote gefunden hat und dass das Ambiente des Geschäfts vom Kunden insgesamt als ansprechend empfunden wurde.

Die explizite Form, einen Kunden zu reaktivieren ist, dem Kunden regelmäßig aktiv auf das Geschäft aufmerksam zu machen. In diesem Kontext gibt es eine anonyme und eine personalisierte Variante. Die anonyme Variante ist es, dem Kunden einen Ladenprospekt zukommen zu lassen, sei es, dass dieses Prospekt an der Kasse den gekauften Produkten beigelegt wird oder dass dieses Prospekt dem Kunden über eine Postwurfsendung zugestellt wird. Dabei gibt es ein einheitliches Prospekt für alle Kunden und es ist Glückssache, dass der Kunde in diesem Prospekt Artikel finden wird, die ihm wieder in das entsprechende Geschäft führen. Es ist eine Wissenschaft für sich, solche Prospekte so zu gestalten, dass sie den größtmöglichen Wirkungsgrad entfalten. Dabei spielen Bestseller aus verschiedenen Kategorien eine entscheidende Rolle, da die Wahrscheinlichkeit, dass das Interesse der breiten Käuferschaft an einem Bestsellerartikel selbstredend größer ist, als für ein Nischenprodukt.

Aber wie jeder weiß, ist der Wirkungsgrad einer Gießkannenaktion wesentlich geringer als der einer personalisierten Ansprache. Es wäre durchaus möglich, personalisierte Prospekte zu drucken und namentlich bekannten Kunden, z. B. Kunden, die über eine Kundenkarte verfügen, auszuhändigen. Dies wird allerdings in der Praxis des stationären Handels sehr selten gemacht, denn der Aufwand und damit die Kosten für ad hoc gedruckte personalisierte Empfehlungen ist natürlich höher, als wenn ich ein einheitliches Prospekt in großen Stückzahlen drucken lasse. Trotzdem könnte in vielen Fällen der Nutzen von personalisierten Prospekten die Mehrkosten der Erstellung mehr als aufwiegen.

Ganz anders sieht dies im Online-Handel aus. Dort habe ich die Möglichkeit, via E-Mail oder die Nutzung von Werbeflächen durch Ad-Server gezielt meine Kunden anzusprechen. Allerdings kann man auch da viele Fehler machen, wie man immer wieder in der Praxis sieht. Habe ich zum Beispiel einen Subwoofer für meine Soundanlage in einem Webshop gekauft, so ist die Wahrscheinlichkeit groß, dass ich auf allen möglichen Internetseiten just diesen Subwoofer als Werbung angeboten bekomme, obwohl doch die wenigsten Menschen zwei Lautsprecher dieses Typs brauchen.

Mit personalisierten E-Mails und personalisierter Ansprache im Internet werden wir uns noch genauer beschäftigen. Es wird immer wichtiger, dass es verschiedenste Kanäle oder „Channels" gibt, mit deren Hilfe ein Kunde angesprochen werden kann und dass diese Channels einheitlich behandelt werden müssen, sodass ein Geschäft sich in den verschiedenen Channels einheitlich präsentiert. Viele größere stationäre Geschäfte und Kaufhäuser verfügen inzwischen über einen angegliederten Online-Shop. Man kann sagen, dass sich die Prioritäten gerade oft umdrehen, sodass man sagen muss, viele bedeutende Webshops haben auch Ladengeschäfte, die hauptsächlich als Showrooms für ihre Produkte dienen, während ein Kauf dann immer online getätigt wird.

3.2.2 Wo sitzt der digitale Verkäufer im Online-Shop?

Fassen wir noch einmal zusammen. Verkäufer spielen in den verschiedenen Phasen des Verkaufsprozesses eine entscheidende Rolle. Diese Erkenntnis klingt ziemlich trivial, man muss sie sich aber gerade im Hinblick auf Online-Shops noch einmal deutlich vor Augen halten. Denn die nächste Schlussfolgerung ist natürlich, wenn Verkäufer im stationären Handel eine so große Rolle spielen, dann ist es ziemlich naheliegend, dass man im Distanzhandel auch irgendetwas braucht, was der Rolle des Verkäufers oder der Verkäuferin entspricht. Wir haben dieses Etwas digitalen Verkäufer genannt. Es ist vorerst ein Konzept, ein hilfreicher Blickwinkel auf den Verkaufsprozess im Webshop, ein ganzheitlicher Blick.

Es ist auch sehr naheliegend, dass ein digitaler Verkäufer viel mit individueller Kundenansprache zu tun hat, wie im stationären Handel eben auch der Verkäufer den Kunden individuell anspricht. Individuelle Ansprache hat eine Menge mit Personalisierung zu tun. Auf der anderen Seite wird bisher Personalisierung durch eine Anzahl von Personalisierungs- und Suchservices geleistet, die erst mal wenig miteinander zu tun haben. Es ist sogar in der Praxis gängig, dass in einem Webshop die Produktsuche von einem Anbieter, der Empfehlungsservice von einem anderen und die Newsletter-Aussendung von einem dritten durchgeführt wird. Diesem Denken entspricht auch die technische Architektur von vielen Shops. Wir wollen die zugrunde liegende Denke als „Silomodell" bezeichnen.

3.2.2.1 Die vier Silos in einem Online-Shop

Entsprechend den oben identifizierten Phasen des Verkaufsprozesses finden wir in einem Webshop Services, die diesen Phasen zugeordnet sind. Für die Orientierungsphase haben wir die Navigationsleiste und die Produktsuche, für die Beratungsphase haben wir unter Umständen Produktberater, für die Inspirationsphase nutzen wir den Empfehlungsservice und für die Kundenbindungsphase ist ein E-Mail-Versandsystem zuständig. Diese Services arbeiten in den allermeisten Fällen „stand alone". Das bedeutet, sie haben keine Verbindung zu den anderen Services und greifen auf eigene Datentöpfe zu. In großen Online-Shops ist es nicht unüblich, dass jeder Bereich – Suche, Berater, Empfehlung und Newsletter – von einer eigenen Abteilung betreut wird.

Werfen wir noch einmal einen Blick auf den stationären Handel. Wären dort die vier Phasen des Verkaufsprozesses jeweils einem eigenen Mitarbeiter zugeordnet, so müssten wir den einen Mitarbeiter fragen, wo ich die Artikel finde, die mich interessieren. Würde ich diesen Mitarbeiter um beratende Informationen bitten, so würde er mit den Achseln zucken und mich auf einen anderen Verkäufer verweisen. Nachdem ich beraten worden bin und ein Produkt in meinen Einkaufskorb gelegt hätte, würde der beratende Verkäufer einen Kollegen holen, der mich inspirieren soll. Wollte ich noch mehr Produkte kaufen, ginge der ganze Prozess von vorn los. Zudem weiß keiner dieser Mitarbeiter, was der vorherige getan oder gesagt hat. Ein ziemlich absurdes Szenario.

Verkäufer sollten, was die vier Phasen des Verkaufsprozesses anbelangt, Generalisten sein. Sie sind eher Spezialisten in Bezug auf die einzelnen Produktkategorien. Ein Verkäufer in einem Elektromarkt kennt sich z. B. gut mit Computern und Notebooks aus. Würde ich einen solchen Verkäufer nach Lautsprechern für die Audioanlage fragen, würde er mich an einen entsprechenden Kollegen verweisen.

Diese Überlegungen legen nahe, dass auch in einem Webshop die Siloaufteilung der Services suboptimal sein könnte. Vor allem sehen wir, wenn wir die Verkaufsphasen noch einmal durchgehen, dass zumindest die drei Phasen „Orientieren", „Beraten", „Inspirieren" nicht linear hintereinander folgen, sondern individuell nach Kunde viel enger miteinander verwoben sind. Und auch die Kundenbindungsphase, die ja im Onlineshop asynchron zu den anderen Phasen läuft, sollte die Informationen, die während des Verkaufsprozesses entstanden sind, nutzen. Ein digitaler Verkäufer muss also etwas sein, was die einzelnen Services wie Suche und Empfehlungsservice auf intelligente Art nutzt.

3.2.2.2 Wege aus dem Dilemma

Es gibt mehrere Stufen, um einen digitalen Verkäufer zu realisieren. Ein voll ausgebildeter digitaler Verkäufer ist ein eigenständiges Stück sehr komplexer KI-Software, das „on top" auf den anderen Personalisierungsservices – Suche, Produktberater, Empfehlungsservice, etc. – sitzt und diese dynamisch nutzt. Die Existenz eines solchen voll entwickelten digitalen Verkäufers würde sich auch ganz erheblich auf das Erscheinungsbild eines Webshops auswirken. Da Veränderungen im Status quo in der Regel sehr langsam geschehen, bleibt der voll entwickelte digitale Verkäufer vorerst ein Zukunftsprojekt, obwohl die Technik hierfür heute schon existiert.[3]

Die gute Nachricht ist, dass man einen solchen digitalen Verkäufer stufenweise realisieren kann. Der springende Punkt dabei ist, dass die oben genannten Einzelpersonalisierungsservices miteinander kommunizieren. Dazu benötigt man erstmal eine einheitliche Datenbasis, auf die all die Einzelservices zugreifen können. Im heutigen Firmenalltag stellt sich selbst die Lösung dieser Aufgabe, vor allem bei größeren Online-Shops, als nicht ganz einfach heraus. Denn die einzelnen Personalisierungsservices, ja manchmal sogar einzelne Seiten eines Webshops, sind eigenen Abteilungen und Managern zugeteilt. Will man erreichen, dass die einzelnen Personalisierungsservices miteinander kommunizieren, so muss man gleichzeitig darauf hinarbeiten, dass entsprechende Shopmanager in einer neuen Weise mit einander reden.

Oft hat man als Anbieter von „ganzheitlicher Personalisierung"[4] noch die Aufgabe, implizit im Untergrund als Datenintegrator zu fungieren, um die Grundlagen für die ganzheitliche Personalisierung zu schaffen. Glücklicherweise kann auch an dieser Stelle spezielle KI helfen, um diesen Prozess zu vereinfachen. Diese außergewöhnliche Software durchforstet z. B. selbstständig den HTML-Code bzw. das entsprechende DOM[5]-Modell einer Webseite, um eigenständig die richtigen Stellen zu finden, an denen man dann die benötigten Daten direkt auf der angezeigten Webseite eines Kunden abgreifen kann.[6]

---

[3] Die epoq internet services GmbH realisiert mit ihrem neuen Produkt „MyStream" diese Technik in einer kundenorientierten und nutzerfreundlichen Art und Weise.

[4] Epoq internet service GmbH hat sich ganzheitliche Personalisierung auf ihre Fahnen geschrieben. Ganzheitliche Personalisierung ist das, was ein digitaler Verkäufer leisten soll.

[5] Zum Thema „Document Object Model", siehe auch: https://de.wikipedia.org/wiki/Document_Object_Model. Zugegriffen am 30.10.2019.

[6] Diese KI wurde z. B. bei der epoq internet service GmbH entwickelt und wird dort eingesetzt.

Wenn die einzelnen Services miteinander kommunizieren sollen, taucht eine kleine Nebenbedingung auf: Sie müssen dieselbe Sprache sprechen. Diesen wichtigen Punkt sollten wir etwas genauer unter die Lupe nehmen. Jeder Service, nicht nur die genannten Personalisierungsservices, haben eine Kontaktstelle zur Außenwelt, die man API[7] nennt. Diese API stellt die einzelnen Serviceleistungen mit ihren Parametern zur Verfügung. Unter Einhaltung der API-Konvention können die Serviceleistungen von außen aufgerufen werden. Dieser Aufruf liefert auch wieder Daten an das aufrufende Programm in wohl definierter Form zurück. Das aufrufende Programm kann z. B. eine Webseite sein, die eine Suchanfrage an einen Produktsuchservice sendet und dann eine Liste von Produktobjekten zurückbekommt. Die Produktobjekte enthalten alle Informationen, die notwendig sind, die Produkte in einer Suchergebnisliste anzuzeigen, einschließlich der Web-Adresse (URL), von der ein entsprechendes Bild jedes Produkts vom Browser geladen werden kann.

Diese Top-APIs reichen aber nicht aus, wenn die einzelnen Services im Kontext einer ganzheitlichen Personalisierung sich austauschen sollen. Dort ist gewissermaßen eine wesentlich differenziertere „Fachsprache" vonnöten, in der spezielle feingranulare Informationen zwischen den Services hin und her gehen. Dies wird natürlich schwierig bis unmöglich, wenn die einzelnen Services von verschiedenen Anbietern stammen, die intern völlig unterschiedliche Datenarchitekturen verwenden. Ein Ausweg wäre, eine normierte „Fachsprache" für Personalisierungsservices zu benutzen, an die sich alle Hersteller halten müssten. Solche weltweit gültigen Datenformate wie z. B. XML werden von entsprechenden international anerkannten Gremien[8] entwickelt. Für Personalisierung gibt es bisher keine solchen offiziellen Datenformate und es ist fraglich, ob es sie jemals geben wird.

In der heutigen Denke stellen gewissermaßen die einzelnen Seiten eines Webshops das vereinfachte Pendant zum digitalen Verkäufer dar. Diese Seiten sind es, die die API-Funktionen der einzelnen Personalisierungsservices aufrufen und darstellen. Etwas genauer gesagt, einzelne

---

[7] „API" ist die Abkürzung für „Application Programming Interface"; siehe dazu auch https://de.wikipedia.org/wiki/Programmierschnittstelle. Zugegriffen am 30.10.2019.
[8] XML wurde wie HTML vom World Wide Web Consortium (W3C) entwickelt.

Teilbereiche einer Seite rufen die Funktionen der Personalisierungsservices mit spezifischen Parametern auf. Auf diese Weise sieht man auf einer Seite Empfehlungen mit verschiedenen Kontexten. So gibt es z. B. Empfehlungen mit der Überschrift „Tipps für Sie" und weitere Empfehlungen mit der Überschrift „Buchtipps". Beide Empfehlungen sind personalisierte Empfehlungen, die zweite Reihe von Empfehlungen schränkt die Ergebnisse dabei auf Bücher ein.

Berücksichtigt man das Konzept der ganzheitlichen Personalisierung, so ist aber noch viel mehr möglich. Will man einen Kunden beim Stöbern[9] unterstützen, so müssen Methoden, die aus dem Bereich Suche stammen, fein granular mit Methoden zusammenarbeiten, die aus dem Bereich Produktempfehlungen stammen. Dazu ist natürlich notwendig, dass sich die Services in einem entsprechenden Detailierungsgrad austauschen. Darüber hinaus ist es essenziell, dass die Webseite entsprechend smart die Ergebnisse anzeigt und User-Interaktion auf einem hohen Level bietet. User-Interface und User-Services müssen eine Einheit bilden. Wie man das erreichen kann, werden wir uns im nächsten Abschnitt näher ansehen.

3.2.2.3 Widgets

Die Aufrufe der API-Funktionen von Personalisierungsservices sind zum Teile relativ komplex. Sie werden noch komplexer, wenn man, wie im letzten Abschnitt besprochen, vielschichtige Anwendungen wie zum Beispiel ein Stöber-Tool realisieren möchte. Zur Erinnerung, unter Personalisierungsservices verstehen wir Services für Produktsuche, Empfehlungen, Produktberater usw. Es ist ein ziemlich großer Aufwand, mit diesen Services zu kommunizieren und die Ergebnisse in eine ansprechende grafische Darstellung auf den Seiten eines Online-Shops umzuwandeln. Der Aufwand vergrößert sich noch, wenn man auf dem Weg zum digitalen Verkäufer spezielle ganzheitliche Services nutzt, die als intelligenter Layer on top auf den einzelnen Basisservices sitzen.

---

[9] Ein Stöber-Tool ist speziell für die große Gruppe der Sucher und der Sammler interessant. Auch hier bietet die epoq is GmbH neue, KI-basierte Lösungen an.

Deswegen bieten manche Anbieter von Personalisierungsservices sogenannte Widgets an. Widgets sind ein Stück gekapselter HTML-Code, die für eine vorgegebene Aufgabe vollständig die Kommunikation mit den entsprechenden Personalisierungsservices übernehmen und gleichzeitig die optimale interaktive Benutzeroberfläche für den User erzeugen. Diese Widgets, z. B. für personalisierte Empfehlungen auf Startseite, Kategorieseite und Produktdetailseite, sind entsprechend den Vorstellungen des Webshop-Betreibers fein granular parametrisierbar. Solchen Widgets wird auf den entsprechenden Webseiten ein festgelegter Platz zugewiesen. Sie können mit einem sehr kurzen, standardisierten HTML-Code-Fragment in den Code eines Webshops eingebunden werden und passen sich über das Stylesheet[10] automatisch dem Look and Feel der Webseite an.

Es gibt z. B. Widgets, die eine komplette Produktsuche mit allen Filterfunktionen und komplexen Darstellungen der Suchergebnisse realisieren. Ein weiterer Vorteil solcher Widgets ist, dass sie meistens sehr viel flüssiger auf User-Input reagieren, als „handgeschriebene" Aufrufe, denn sie stammen vom Anbieter der entsprechenden Personalisierungsservices, und dieser Anbieter kann natürlich besonders gut Performanceoptimierung bei seinen eigenen Produkten durchführen.

Widgets und die dazugehörigen Services sollten perfekt aufeinander abgestimmt sein. Denn nicht nur die Leistungsfähigkeit der Personalisierungsservices, sondern die Leistungsfähigkeit und harmonische Abstimmung des System-Services und User-Interfaces zusammen bestimmen den Erfolg beim Kunden. Man sieht bei Webshop-Betreibern immer wieder den Fehler, dass z. B. Empfehlungen auf der Webseite nicht sichtbar sind, da man erst mal scrollen muss, damit sie ins Blickfeld kommen. Man muss sich dann nicht wundern, wenn solche Empfehlungen nicht zu einer signifikanten Umsatzsteigerung beitragen. Im nächsten Kapitel werden wir sehen, dass Widgets als Resultat einer allgemeinen Entwicklung nicht nur im Feld der Webshop-Systeme betrachtet werden können.

---

[10] Das Stylesheet (Cascading Style Sheet, CSS) ist ein separater Code in einer Webseite, der das Erscheinungsbild der Seite, also Farben, Schriftarten etc. festlegt.

3.3 Die Entwicklung von Systemarchitekturen

Personalisierung ist eine wichtige Komponente im Online-Handel. Personalisierungsservices alleine machen aber noch keinen Webshop. Um die technische Entwicklung insgesamt besser einschätzen zu können, müssen wir etwas ausholen und Personalisierung als Modul in einem übergeordneten Kontext betrachten.

3.3.1 Am Anfang war Enterprise Resource Planning

Wikipedia definiert ERP so:[11] „Enterprise-Resource-Planning (ERP) bezeichnet die unternehmerische Aufgabe, Ressourcen wie Kapital, Personal, Betriebsmittel, Material und Informations- und Kommunikationstechnik im Sinne des Unternehmenszwecks rechtzeitig und bedarfsgerecht zu planen und zu steuern." Diese Aufgabe wird von ERP-Systemen erledigt. Ein prominenter Hersteller von ERP-Systemen ist z. B. die Firma SAP. Die Einführung von ERP ermöglichte es erstmalig, wesentliche Unternehmensprozesse einheitlich sowie softwaregestützt abzubilden und Datenverarbeitung als Kerntechnologie für Firmen zu nutzen. ERP war eine Revolution für Unternehmen. Boten, die Berge von Akten von einer Abteilung in die nächste transportierten, und umständliche Karteien gehörten plötzlich der Vergangenheit an. Um möglichst viele Unternehmensprozesse abbilden zu können, besteht ein ERP-System aus verbundenen Modulen, die für die einzelnen Unteraufgaben von ERP zuständig sind. Diese Unteraufgaben haben Namen, die oft ebenfalls mit drei Buchstaben abgekürzt werden.

3.3.1.1 Customer Relationship Management

Eines der grundlegenden Module von ERP ist das Customer-Relationship-Management(CRM)-Modul. CRM bezeichnet die konsequente Ausrichtung einer Unternehmung auf ihre Kunden und die systematische Ge-

---

[11] https://de.wikipedia.org/wiki/Enterprise-Resource-Planning. Zugegriffen am 30.10.2019.

staltung der Kundenbeziehungsprozesse.[12] Die Aufgabe von CRM ist ein vertieftes Beziehungsmarketing und systematische, automatisierte Pflege von langfristigen Kundenbeziehungen. Das CRM-System diente in erster Linie in Unternehmen dazu, einheitlich auf die Kundenbasis und Ereignissen, die mit den jeweiligen Kunden verknüpft waren, zuzugreifen. Es ist auch für das Marketing ein wichtiger Baustein. Analytisches CRM zum Beispiel ermöglicht es, Verhalten von Kunden systematisch zu analysieren, um auf dieser Basis Marketingstrategien abzuleiten. Ein CRM ist natürlich auch notwendig, um automatisiert E-Mails an die Kunden eines Unternehmens zu versenden, oder einen Webshop zu betreiben.

3.3.1.2   Content Management System

Gerade im Zusammenhang mit Webauftritten von Unternehmen wurde bald auch ein anderes Modul wichtig: das Content Management System (CMS). Das CMS kümmert sich um die einheitliche Verwaltung von Content. Content kann im Firmenkontext alles Mögliche sein. Dokumente, Verträge, Schaltpläne und Betriebsanleitungen. Content-Managementsysteme sind auch im Kontext des Internets unverzichtbar. Waren in den Anfängen des Internets Webseiten noch statisch aufgebaut, so konnten durch Einsatz eines CMS Inhalte nun dynamisch generiert und ausgespielt werden. Kein Infoportal oder Nachrichtenportal wäre ohne CMS zu realisieren.

3.3.1.3   Product Information Management System

Ein Product Information Management System (PIM) ist speziell dafür geschaffen, Informationen über Produkte eines Unternehmens zu verwalten und zu pflegen. Ein PIM-System ermöglicht strukturiert, Produktinformationen im Team anzulegen, anzureichern, zu optimieren und zu verlinken. Wie auch schon in den anderen Modulen, helfen dabei auch softwareseitig angelegte Rollen. Diese bestimmen, wer im Unter-

---

[12] https://de.wikipedia.org/wiki/Customer-Relationship-Management. Zugegriffen am 30.10.2019.

nehmen was auslesen, anlegen oder verändern darf. Dadurch werden geregelte Unternehmensprozesse unterstützt. Nimmt man nun CMR und PIM, so ist man schon nahe an dem, was man für den Betrieb eines Webshops braucht, nämlich Verwaltung von Kundendaten und die Bereitstellung und Pflege von Produktdaten.

3.3.2   Vom ERP-System zu Headless Services

Die erste Generation von Webshops, das war ungefähr 1995, setzte direkt auf dem technologischen Herzstück eines Unternehmens, dem ERP-System, auf. Ein Webshop der ersten Generation war gewissermaßen ein Frontend des ERP-Systems, das die Module CMR und PIM direkt nutzte. Auch die Rechnungsabwicklung wurde über das ERP-System geregelt. Die Produktdaten samt Beschreibungstexten stammten aus dem PIM. Das Shopsystem hatte eigentlich nur die Aufgabe, die im PIM-System angelegten Produkte korrekt auf der Webseite des Shops darzustellen, eine Ablauflogik und einen Warenkorb bereitzustellen und die Kundendaten zusammen mit einem gekauften Warenkorb dem OMS-Modul eines ERP-Systems zwecks korrekter Abwicklung wieder zur Verfügung zu stellen.

Der Shop war, wie gesagt, gewissermaßen ein Anhängsel des ERP-Systems. Dies blieb natürlich nicht so. Denn auch die Shop-Systeme entwickelten sich weiter und gewannen an Funktionalität. Dadurch gewannen sie auch immer mehr an Eigenständigkeit und koppelten sich von der „Vormundschaft" des ERP-Systems ab. Die Shop-Systeme wurden „erwachsen" und waren nicht mehr darauf angewiesen, dass ihnen ein ERP-System die geeignete Grundfunktionalität zur Verfügung stellte. Dies erweiterte natürlich auch die Marktdurchdringung von Online-Handel, denn nicht jedes Unternehmen, vor allem im Mittelstand, kann mit einem voll ausgestatteten ERP-System aufwarten. Folge dieser Entwicklung war natürlich, dass jetzt ein Shopsystem seine eigene Funktionalität von PIM, CMS, CRM und OMS mitbringen musste. Natürlich brauchte es auch Schnittstellen zu bestehenden ERP-Systemen mit entsprechenden Synchronisationsfunktionen, denn niemand möchte Tausende von Kunden und Produkten von Hand aus dem einen System in das andere übertragen. Diese Entwicklung passiert zu Anfang des neuen Jahrtausends. In diesem Zeitraum standen Shopsysteme als eigenständige Lösungen im Vordergrund.

Natürlich ging die Entwicklung weiter. Personalisierungsservices wurden immer wichtiger. Im Markt der Shopsystemhersteller reifte die Einsicht, dass ein Shopsystem sich für Services von Drittanbietern öffnen musste. Man konnte als Nutzer eines Shopsystems z. B. auswählen, ob man die Default-Suche eines Shopsystems nutzen wollte oder den Suchservice aus einer Liste von „trust" Serviceprovidern anwählte, die sich ganz auf das Thema Produktsuche spezialisiert hatten.

Das Webshop-System präsentierte sich als Servicecontainer für Services, die im Umfeld des digitalen Handels angeboten wurden. Zeitlich gesehen fiel diese Epoche auf den Beginn des zweiten Jahrzehnts dieses Jahrhunderts. Diese Entwicklung war natürlich, wie beinahe alles in der Wirtschaft, nicht nur technisch motiviert. Gerade Personalisierungs- und Suchservices können völlig ohne Mitwirkung eines Shopsystems in die Templateseiten eines Webshops integriert werden.

Um vonseiten des Webshop-Systemanbieters die Kontrolle zu behalten und zusätzliche Einnahmen zu generieren, wurde den Serviceanbietern vorgeschlagen, sich kostenpflichtig in die Liste der Trusted Services eintragen zu lassen und so von der Marktdurchdringung eines Shopsystems zu profitieren. Je verbreiteter ein Shopsystem war, desto besser funktionierte dieses Geschäftsmodell. Aber wir haben in diesem Stadium der Systementwicklung natürlich noch nicht das Ende der Fahnenstange erreicht. Die weitere Entwicklung wurde wesentlich von den immer umfangreicher werdenden Möglichkeiten moderner Webbrowser und Apps vorangetrieben.

3.3.2.1   Document Object Model

Seiten, die ein Webbrowser heute anzeigt, sind in den allermeisten Fällen kein statischer HTML-Code mehr. Webseiten sind inzwischen Programme, die vom Webbrowser in Echtzeit ausgeführt werden. Die Programmiersprache für einen Webbrowser ist seit langem JavaScript. Eine Webseite wird intern im Browser von einer Datenstruktur repräsentiert, die man **Document Object Model**[13] (DOM) nennt. Mit JavaScript kann man das DOM tief greifend manipulieren.

Wie kann man sich nun ein Document Object Model vorstellen? Dinge, die man auf einer Webseite sieht, sind alles Objekte. Ein Bild, ein Schriftzug, das sind alles Objekte, die über definierte Eigenschaften verfügen. So hat ein Schriftzug z. B. einen Font, eine Farbe, eine Größe. All diese Eigenschaften eines Objekts können in Echtzeit mit JavaScript verändert werden. JavaScript entfaltet seine Macht innerhalb sogenannter Script-Tags,[14] die ebenfalls Objekte sind.

Sind Bilder schon Objekte, so sind es erst recht interaktive Komponenten wie Buttons, Eingabefelder etc. Drückt ein User z. B. auf einen Knopf, so wird innerhalb des DOM ein sogenannter Event erzeugt und der Browser sucht nach einem entsprechenden JavaScript-Objekt, das diesen Event verarbeiten kann. Solche JavaScript-Objekte nennt man Event Handler. Ein solcher Event Handler kann z. B. eine Anfrage an einen externen Service senden und je nach Rückmeldung des Services die Webseite oder Teile davon komplett umgestalten.

Außerdem sind Objekte, wie wir schon am Anfang dieses Buches in einem anderen Kontext erläutert haben, hierarchisch. Dies bedeutet, dass Objekte aus anderen Objekten zusammengesetzt sein können und es in der Regel auch sind. In der Praxis bedeutet das, dass ein bestimmtes Objekt, sagen wir ein Bild mit Unterschrift und dynamischen Verhalten, wenn ich mich mit der Maus über diesem Bild aufhalte, nur einmal definiert werden muss und dann beliebig viele Instanzen dieses Objekts mit verschiedener Parametrisierung erzeugt werden können.

Möchte ich zum Beispiel eine Liste von Suchergebnissen anzeigen lassen, so definiere ich im HTML-Code der entsprechenden Webseite ein solches Bildobjekt und erzeuge ein Containerobjekt, das ist ein räumlich definierter Bereich auf einer Webseite. Dann erzeuge ich, alles per JavaScript, für jedes gefundene Suchergebnis eine Instanz des Bildobjekts und fülle das Containerobjekt mit diesen Instanzen, welches dann auf der

---

[13] Siehe auch https://de.wikipedia.org/wiki/Document_Object_Model. Zugegriffen am 30.10.2019.
[14] Ein Tag ist ein Abschnitt im HTML-Code einer Webseite, der mit <name> … </name> erscheint. Dieser Abschnitt erzeugt ein Objekt mit Namen „name" und wird durch den Code zwischen den Klammerausdrücken definiert.

Webseite als Liste angezeigt wird, wie wir es von Suchergebnissen gewohnt sind. Erleichtert wird dieses objektorientierte Vorgehen durch Spracherweiterungen von JavaScript wie GQuery und JsonP, auf die wir hier aber nicht weitereingehen wollen.

Unterm Strich bleibt die Erkenntnis über heutige Browser: „nichts ist unmöglich". Objekte, die in einem definierten räumlichen Bereich einer Webseite komplexe Aufgaben erfüllen, nennt man im Übrigen Widgets.

Am Rande bemerkt, wird natürlich auch das User Tracking durch ein gekapseltes Script ausgeführt, das tief in das DOM eines Webbrowsers eingreift. Was ein Tracking-Code alles ausliest, liegt allein in der Verantwortung des Tracking-Code-Anbieters. Es ist also seine ethische Verantwortung, nur vom User getätigte Aktionen auszulesen, die dem Service, der das Tracking nutzt, auch etwas angehen.

3.3.2.2 Headless Services

Was bedeuten nun die schier grenzenlosen Möglichkeiten eines Webbrowsers für die Entwicklung von Servicearchitekturen? Eine Webseite ist inzwischen nicht mehr auf ihre ursprünglich angedachte Funktion, eine ansprechende Darstellungs- und Interaktionsschicht im Kontext eines Services zu bieten, beschränkt. Die Webseite, oder Teile davon, werden zunehmend zu Programmen, die nur noch entsprechende Daten von einem Server abfragen und ansonsten eigenständig agieren.

Die serverseitigen Architekturen müssen diesen Umständen Rechnung tragen. Gerade im Bereich CRM wird das sogenannte Headless CRM wieder populärer. „Headless" bedeutet, dass ein Service direkt auf Anfragen eines Clients (Webseite) antwortet, ohne sich zu merken, was zuletzt angefragt wurde, oder durch die Anfrage irgendetwas an seinem inneren Zustand (State) zu ändern. Schicke ich also eine Anfrage mit denselben Parametern eine Million Mal an so einen Headless Service, so werde ich eine Million Mal dieselbe Antwort bekommen. Solche Services nennt man auch „Stateless". Die entsprechende API[15] nennt man auch

---

[15] API bedeutet Application Interface und definiert die Aufrufkonventionen für die verschiedenen Funktionen eines Services. In Java werden solche APIs durch Interface-Klassen realisiert.

REST[16]-API. REST-APIs zeichnen sich durch hohe Performance aus. Also, um noch einmal zusammenzufassen: Kommuniziert eine Webseite mit Webservices über eine REST-API, so muss die Ablauflogik und States durch den Browser-Code realisiert werden. Es entsteht die berechtigte Frage, ob man das überall will. Denn HTML und seine dynamische Repräsentation als DOM im Browser sind auf der Client-Seite voll transparent und analysierbar. Wollen sie also „Firmengeheimnisse" verbergen, so sollten sie, sofern das Geheimnis nicht in der serverseitigen Berechnung sitzt, in ihrer Web-Applikation auf Headless Services verzichten. Benutzen sie allerdings eine App z. B. auf einem Mobile Device als Client, fällt dieser Punkt natürlich weniger ins Gewicht. Einem weiteren grundlegenden Problem mit Headless Services wollen wir uns im nächsten Abschnitt zuwenden.

3.3.2.3   Personalisierung und Headless Services

Headless Services haben per Definition kein Gedächtnis. Ein typischer Service, wie zum Beispiel ein Empfehlungsservice, lebt aber gewissermaßen davon, dass er sich die Reaktion von individuellen Kunden merkt. So ein Service ist ein typischer Vertreter eines „Statefull" Services. Wollte ich Empfehlungen mithilfe von Headless Services ausspielen, so müssten alle State-Berechnungen im Frontend verlaufen. Man könnte den Code im Browser nicht als sogenannter Thin Client realisieren. Viele Daten müssten während einer einzigen Berechnung zwischen Client und Server hin und her geschoben werden. Dies versucht man natürlich, selbst im 5G-Zeitalter, zu vermeiden. Headless Services sind also nicht die optimale Wahl für Personalisierung. Aber dies ist nur eine Erkenntnis am Rande. Was man auf dem Weg zum digitalen Verkäufer benötigte, ist etwas ganz anderes.

---

[16] REST bedeutet Representational State Transfer und bezeichnet die Kommunikation mit Webservices ohne Übertragung von States. Siehe auch: https://en.wikipedia.org/wiki/Representational_state_transfer. Zugegriffen am 30.10.2019.

3.3.3   Multi-Channel-Architekturen

Wie wir im letzten Kapitel ausgeführt haben, hat sich im Laufe der Jahre die Struktur von Webshops grundlegend verändert. Diese Entwicklung ist natürlich nicht abgeschlossen. Was man aber aus dieser Entwicklung ableiten kann ist, dass es grundsätzliche Funktionen gibt, die man für jeden Webshop braucht. Diese Funktionen sind CRM, PIM und OMS. Dies sind Services aus dem ERP-Umfeld. Am Anfang war das ERP-System ein Servicecontainer für diese Funktionalitäten. In den neusten Entwicklungen kann man davon ausgehen, dass es erweiterte Servicecontainer geben wird, die vielfache ERP-Funktionalität komplexen webbasierten Frontends zur Verfügung stellt. Denn man hat schon lange erkannt, dass Kundenansprache auf weit mehr Kanälen möglich ist, als nur im Webshop. Die Entwicklung der Architekturen wird also in diese Richtung gehen, um möglichst viele Kanäle einheitlich bedienen zu können.

3.3.3.1   Die bunte Landschaft der Channels

Die Area, wo man alles auf seinem Laptop oder Home-Computer erledigte, ist lange vorbei. Inzwischen ist das Mobile Phone das zentrale Frontend für die meisten Menschen. Das bedeutet aber nicht, dass sie nicht auch noch ein Notebook und/oder ein Tablett besitzen. Unabhängig vom Device treten Menschen über viele verschiedene Wege elektronisch mit ihrer Umwelt in Verbindung. Durch das Internet 2.0 explodierte die Nutzung von Social Media. Durch die Entwicklung des Internet of Things kommen laufend neue sogenannte Kanäle dazu.

Ein Retailer möchte natürlich möglichst viele dieser Kanäle nutzen, um seine Kunden anzusprechen. Dies setzt voraus, dass diese Kanäle bei diesem Retailer intern miteinander verbunden sind. Um dies zu bewerkstelligen, braucht man ein Softwaresystem, welches diese verschiedenen Channels verwalten und bedienen kann. Am besten wäre natürlich ein System, welches modular erweiterbar alle möglichen Channels bedienen kann (Omni-Channel-Ansatz).

3.3.3.2   Click and Mortar

Eine fast immer bei größeren Handelsketten auftretende Channel-Konstellation wird Click and Mortar genannt. Dies bedeutet im Klartext, dass eine Handelskette einen Webshop betreibt und „ganz nebenbei" über ein Filialnetz verfügt, wo in den einzelnen Filialen die im Webshop angebotenen Produkte physikalisch präsent sind. Das Handelsunternehmen möchte natürlich eine solche Konstellation zu seinem Vorteil nutzen. Es möchte die Vorteile von Filialen nutzen, die da sind, dass ein Kunde bestimmte Produkte real in Augenschein nehmen kann und sich auch von einem Mitarbeiter beraten lassen kann. Gleichzeitig sollen die Vorteile des Webshops genutzt werden z. B. bequeme Bestellung von zu Hause aus und Lieferung der bestellten Produkte bis zur Haustür. Auch der Weg, dass ein Produkt über den Webshop bestellt wird und dann bei einer Filiale in der Nähe des Kunden abgeholt werden kann, wird oft genutzt.

Aus technischer Sicht zeigt sich dabei folgendes Bild: In jeder Filiale stehen Rechner, die dem Personal ermöglichen, Kunden anzulegen, nach Produkten zu suchen, Bestellungen zu tätigen usw. Auf der anderen Seite gibt es den Webshop, den jeder Kunde aufrufen kann, der filialübergreifend ähnliche Funktionen bietet, wie die Computer, die in den Filialen herumstehen. Webshop und Filialrechner müssen dabei einheitlich unter einen Hut gebracht werden.

3.3.3.3   Data-Management-Plattform

Denkt man über die verschiedenen Anforderungen im Kontext von Multichannel nach, um eine optimale Softwarearchitektur zu finden, so führen alle Wege nicht nach Rom, sondern zu etwas, was sich Data-Management-Plattform nennt. Dies ist eine Plattform, die die Daten, die aus verschiedensten Kanälen stammen, einheitlich verwaltet und einzelnen Services zur Verfügung stellt, die die einzelnen Kanäle bedienen.

Wenn wir uns erinnern, über solche Lösungen haben wir schon weiter oben gesprochen. Es ergibt sich gewissermaßen eine datenzentrierte Neuauflage des guten alten ERP-Systems, das das Datenmanagement möglichst als Headless Services den angeschlossenen Channel Services zur Verfügung stellt. Warum „Headless"? Auf die Performanceoptimierung durch Headless Services sind wir schon eingegangen.

Es gibt aber noch ein zweites Argument für diese Art von Datamanagementservices. Will ich als Unternehmen das Spektrum meiner bedienten Kanäle erweitern, so brauche ich mich nicht um die Datenverflechtungen dieses neuen Kanals zu den anderen Channel Services innerhalb des Datenmanagementsystems zu kümmern. Ich muss also in einem solchen Fall nicht den „Deckel" meines Datenmanagementsystems „abschrauben", um darin „herumzulöten". Ich muss lediglich neue Datenobjekte definieren, die das Datenmanagement zusätzlich speichern und bereitstellen kann. Wie wirken sich diese Architekturtrends auf Personalisierungsservices aus, vor allem, wenn dabei noch Künstliche Intelligenz ins Spiel kommt? Dieser Frage werden wir nachfolgend etwas genauer nachgehen.

3.4 Der Platz von Personalisierung in Multichannel-Systemarchitekturen

3.4.1 Kampagnenmanagement

Genau so wenig, wie Kundenansprache auf den Channel-Webshop beschränkt sind, ist Personalisierung auf diesen Channel limitiert. Als einfaches Beispiel wollen wir uns hier den Channel E-Mail-Newsletter herausgreifen. Wie wir schon besprochen haben, ist der Kundenbindungsprozess in einer Customer Journey ein wichtiger Teil. Dieser geschieht regelmäßig durch Versendung von sogenannten Newslettern, in dem einem Kunden Produkte angeboten werden. Ziel solcher Newsletter ist es, dass der Kunde auf ein interessantes Produkt im Newsletter klickt und so wieder in den Shop zurückgeführt wird. Natürlich wünscht man sich, dass dieser Newsletter eine möglichst hohe Conversion Rate hat, was bedeutet, dass möglichst viele Kunden in den Shop zurückgeführt werden. Dieses Ziel schreit förmlich nach personalisierten kundenoptimierten Produktempfehlungen.

Die Versendung von Newslettern sollte ein entsprechender Channel Service, der sich seine Daten aus einem Datamanagementsystem holt, leisten können. Solche Services setzen auf einem sogenannten Kampagnenmanagementsystem auf. Schauen wir genauer hin, so entdecken wir eine ähnliche Problematik, wie wir sie schon weiter oben bei der Entwicklung von Shopsystemen und ihrem Umfeld gesehen haben.

Natürlich kann (und tut es auch oft) ein E-Mail-Versandsystem sein eigenes Kampagnenmanagementsystem mitbringen. Dies wird aber dann problematisch, wenn wir Kampagnen nicht nur über den Kanal Newsletter fahren wollen, sondern auch andere Kanäle nutzen wollen. Denn die Verwaltung der Kampagnen sollte über alle Kanäle hinweg einheitlich sein. Die Grundproblematik ist immer dieselbe: Wie kann ich datengetriebene Services einheitlich bedienen und gleichzeitig eine offene Systemarchitektur erhalten? Wie erhalte ich als Anwender eine „best of breed"[17] Lösung, ohne mir dabei Redundanzen und Inkonsistenzen einzuhandeln?

Die Lösung wäre eigentlich eine Multi-Layer-Architektur mit normierten Schnittstellen zwischen den Layern. Das bedeutet, dass ein Hersteller von Subsystemen in einer solchen offenen Architektur Schnittstellen nach „unten" und nach „oben" haben muss. Zur Erläuterung betrachten wir ein Kampagnenmanagementsystem. Die Schnittstellen nach unten betreffen ein zugrunde liegendes Datamanagementsystem, die Schnittstellen nach oben führen zu den einzelnen Channel Services, die diese Kampagnen auf den entsprechenden Kanälen durchführen. Wo aber sitzen in einer solchen Architektur die Personalisierungsservices?

3.4.2 Die Sonderrolle der Personalisierungsservices

Irgendwie ist es nicht einfach, Personalisierungsservices in einer offenen Systemarchitektur zu verorten. Gehören sie zum Webshop? Bisher ist das oft so gelöst, aber in einer Multichannel-Architektur wäre das offensichtlich der falsche Platz. Ein geeigneter Ort scheint das Layer direkt oberhalb des Datamanagementsystems zu sein, zudem sie sicherlich eine Schnittstelle nach „unten" besitzen, denn sie benötigen die dort gespeicherten Daten, wie z. B. Produktdaten.

---

[17] Das Thema „best of breed" wird z. B. in https://www.it-business.de/was-ist-best-of-breed-a-769845/ behandelt – zuletzt zugegriffen am 30.10.2019.

Auf der anderen Seite stellt sich dann die Frage, ob ein Datamanagementsystem in der Lage ist, geeignetes User Tracking in entsprechenden Channels durchzuführen und gleichzeitig solche feingranularen großen Datenmengen in Echtzeit zu speichern und auch wieder zur Verfügung zu stellen. In der Regel bringen Personalisierungsservices heute noch ihr eigenes User Tracking und Echtzeit-Eventverwaltungssystem mit.

Genauer betrachtet ist für das, was wir gerade analysieren wollen, „Personalisierungsservice" der falsche Begriff. Es geht eigentlich um Services, die die Customer Journey beim Einkauf aktiv unterstützen sollen. Erinnern wir uns, wir haben die Customer Journey beim Einkaufen in vier Phasen unterteilt. Der Orientierungsphase, die durch eine Produktsuche realisiert wird, die Beratungsphase, für die ein Produktberater abgebildet wird, die Inspirationsphase, für die man Produktempfehlungen braucht, und die Kundenbindungsphase, die durch aktive Kundenansprache auf entsprechenden Kanälen umgesetzt wird. Wir sollten deshalb eher von Customer-Shopping-Support-Services sprechen.

Wir lassen an dieser Stelle das Paradigma der ganzheitlichen Personalisierung noch außen vor, da es die Betrachtung aus dem Blickwinkel der Servicearchitekturen noch weiter verkomplizieren würde. Natürlich müssen wir aber auf dieses Thema noch detailliert eingehen. Betrachtet man die vier Bausteine, die diesen Customer-Shopping-Support bereitstellen, so entdeckt man sehr schnell, dass die Einzelservices sehr unterschiedliche Randbedingungen haben.

Eine Produktsuche ist eine sehr komplexe Sache. Wenn man aber auf Personalisierung verzichtet, so kann sie als Headless Service implementiert werden, die nach unten auf die Produktdaten im Datamanagementsystem zugreift und nach oben Verbindung zu einem Widget im Browser besitzt, welches Suchanfragen mit zusätzlicher Typeahead-Funktion verarbeiten kann und in der Lage ist, die Suchergebnisliste in adäquater Form darzustellen.

Anders sieht es bei Produktempfehlungen aus. Da wir nicht mehr in die Steinzeit zurück wollen,[18] haben wir es hier mit einem ausgesprochen Statefull-Service zu tun. Ein Recommendation-Service muss auf die

---

[18] Empfehlungen wie „Kunden, die dieses Produkt gekauft haben, haben auch folgende Produkte gekauft" ließen sich auch „stateless" implementieren.

Klickhistorie jedes einzelnen Kunden in Echtzeit zugreifen können und muss Berechnungen anstellen, die von den letzten Kundenaktionen, z. B. Klick eines Kunden auf ein Produkt, abhängig sind. Die Verbindung zur Darstellungsschicht im Browser kann „headless" ausgeführt werden. Intern braucht dieser Service einen verzögerungsfreien Zugriff auf ein echtzeitfähiges User-Event-Handlungssystem. Dieses gehört zwar formal zu einer Datamanagementplattform. Man kann aber nicht sicher sein, dass ein Datamanagementservice ein solches Eventmanagementsystem mit den geforderten Spezifikationen bereitstellt, was meistens dazu führt, dass ein Recommendation-Service samt Eventmanagementsystem und User Tracking als komplett „separate Veranstaltung" implementiert wird. Im besten Fall holt sich dieser Service noch die benötigten Produktdaten aus dem Datamanagementsystem.

Spezielle Verbindungen brauchen wir auch bei der Unterstützung der Kundenbindungsphase. Die Versendung z. B. von Newslettern ist eine Kampagne, die von einem Kampagnenmanagementsystem durchgeführt wird. Will man personalisierte Newsletter ausspielen, so benötigt man eine Verbindung zu einem speziell konfigurierten Recommendation-Service. Die Datenverbindung wird in aller Regel über den HTML-Code des Newsletters hergestellt, der pro Kunde einen Service Call an den Recommendation-Service mit einem Hash Value[19] als Parameter enthält. Der Recommendation-Service berechnet die persönlichen Empfehlungen für den Kunden, der durch den Hash Value eindeutig festgelegt ist, greift dann auf einen Render-Service zu, der die Empfehlungen in einer definierten Form in ein Bild umwandelt, das dann im Newsletter angezeigt wird.

Dies alles passiert in Echtzeit beim Öffnen des Newsletters. Damit das funktionieren kann, müssen Kampagnenmanagementsystem und Recommendation-Service natürlich über dasselbe Mapping von Kunden auf entsprechende Hash Values besitzen. Am besten wäre es natürlich, wenn beide Services auf dasselbe Datamanagementsystem zugreifen würden, welches Kunden und Hash Value verwaltet. In der Unterstützung

---

[19] Ein Hash Value meint eine beliebige Zeichenkette, der in einem z. B. serverseitigen Datensystem eindeutig ein bestimmter Datensatz zugeordnet ist. Der Hash Value enthält keinerlei Information, mit der man ohne Zugriff auf das Datensystem die zugeordneten Daten rekonstruieren könnte.

des Kunden bei seiner Customer Journey fehlt jetzt noch die automatisierte Unterstützung der Beratungsphase. Die Erörterung dieses Themas haben wir mit Absicht an den Schluss dieses Kapitels gestellt. Denn Beratung ist ein komplexes und vielschichtiges Thema. Diese Komplexität schlägt sich auch in der Positionierung von sogenannten Produktberaterservices in der technischen Architektur nieder.

3.4.3 Vom Widget zum Personalisierungsgadget

Widgets sind, wie wir gesehen haben, inzwischen in Webseiten allgegenwärtig. Zur Erinnerung, Widgets sind in sich abgeschlossene HTML-Komponenten, denen auf einer Webseite ein rechteckiger Bereich zugewiesen wird, in dem sie sich eigenständig entfalten können. Dank des immensen Potenzials von HTML, JavaScript und Browsern sind solche Widgets Benutzeroberflächen mit eigener Programmablaufsteuerung und eigenständigem Datenaustausch mit Webservern, die komplexe Aufgaben abbilden können. Ein einfaches Beispiel für ein Widget sind Banner, die animiert etwas darstellen und auf Klicks reagieren. Ein Beispiel für ein anderes Widget ist die Anzeige von einer Reihe von Produktempfehlungen, die ihre Darstellung ändern, wenn man die Maus über ihnen positioniert oder in einem festen Rhythmus ihre Inhalte ändern.

Was nun aber sind Gadgets? Wikipedia definiert Gadgets so:[20]

Definition Gadget

„Gadget (englisch für: „Apparat", „technische Spielerei" oder auch „Schnickschnack") bezeichnet ein technisches Werkzeug oder Gerät mit bisher so nicht bekannter Funktionalität und/oder besonderem Design. Es ist traditionellerweise klein und handlich und zum Mitführen konzipiert. Eine große Rolle spielt der Spaßfaktor eines Gadgets: Geräte, die sich als Gadget definieren, sind oft Grenzgänger zwischen sinnvoller Funktionalität und Verspieltheit."

---

[20] https://de.wikipedia.org/wiki/Gadget. Zugegriffen am 30.10.2019.

In unserem Zusammenhang wollen wir die Definition von Gadgets etwas einengen. Als Gadgets sollen Widgets bezeichnet werden, die komplexe Funktionalitäten, Darstellungsweisen und Interaktionsmöglichkeiten bieten, die den User spielerisch herausfordern, diese Funktionalitäten zu erforschen und anzuwenden. „Nebenbei" soll dieses Gadget aber auch noch einen echten Nutzen für den User bringen. Wir werden uns hier auf das Territorium E-Commerce beschränken.

Heute beschränken sich Services, die on-site die Customer Journey unterstützen sollen, größtenteils noch auf die Bereitstellung einer komfortablen Produktsuche und der Anzeige von passenden Produktempfehlungen. Freundet man sich dagegen mit der Idee von Gadgets an, so eröffnen sich ganz neue Möglichkeiten von Webshops, mit ihren Kunden zu interagieren. Nehmen wir z. B. einen Fashion Shop. Dort wäre zum Beispiel die Möglichkeit, die Kundin bei der Zusammenstellung ganzer Outfits zu unterstützen, eine sinnvolle Erweiterung.[21] Eine weitere sehr sinnvolle Erweiterung wäre ein Gadget, welches für Kunden eine echte Unterstützung beim Stöbern bieten könnte.

Und nicht zuletzt schreit der Bereich „Beratung" nach besonderen Lösungen, die aufgrund ihrer Komplexität eindeutig zu den Gadgets zählen dürften. Heute präsentieren sich sogenannte Produktberater in schöner Regelmäßigkeit als editierbare Entscheidungsbäume, bei denen der Kunde eine Reihe von festgelegten Fragen beantworten muss und damit zu passenden Produkten geführt wird. Für begrenzte Beratungsaufgaben funktionieren solche Widgets sehr gut. Man kann solche Produktberater durchaus grafisch ansprechend gestalten und man sollte dies auch tun.

3.4.4 Gamification einmal nüchtern betrachtet

Der Spaßfaktor spielt bei Gadgets eine wichtige Rolle. Der Spaßfaktor wird auch entscheidend dadurch beeinflusst, wie spielerisch ein User mit einem Gadget umgehen kann. Die Vorgehensweise, Programmabläufe und Darstellung spielerisch zu gestalten, ist die Bedeutung des Begriffs „Gamification". Man kann diesbezüglich viel von der Spielei-Industrie

---

[21] Ein Outfit-Tool ist ein Beispiel für ein komplexeres Widget, welches heute schon am Markt erhältlich ist.

lernen. Erinnern wir uns kurz an die These, die wir im Kapitel Personalisierung aufgestellt haben:

> Je weniger lästige Aktionen ein User in einem Webshop durchführen muss,
> um an sein Ziel zu gelangen, desto positiver wird der Shop vom User wahr-
> genommen.

Wir haben dort auch die Erkenntnis gewonnen, dass es das Ziel von
Personalisierung sein muss, die mit einem „Lästigkeitsfaktor" gewichtete
Summe von Klicks für den Kunden zu minimieren. Wir haben auch festgestellt, dass man durch Klicks, die dem User Spaß machen, also einen
negativen „Lästigkeitsfaktor" haben, diese Summe minimieren kann. Genau dort setzt Gamification an. Wie gut Gamification wirken kann, ist
natürlich branchenabhängig. In einem B2B-Webshop für Sanitärartikel
und Zubehör dürfte ein spielerisches Surfen durch die Welt der Abwas-
serrohre wohl wenig sinnvoll sein. Hingegen könnten solche Gadgets in
einem Fashionshop durchaus viele Freunde unter den Kunden und Kun-
dinnen gewinnen und signifikant zum Gesamtumsatz beitragen.

3.4.5 Ist Gamification die Lösung aller Probleme?

Jeder hat das schon erlebt. Es wird ein neues Release eines Services oder
ein Nachfolgeprodukt eines Geräts, z. B. eines Smartphones, bild- und
wortgewaltig in Werbekampagnen angekündigt. Beschäftigt man sich
aber dann genauer mit dem neuen tollen Produkt, so gewinnt man
schnell den Eindruck, dass nicht wirklich etwas grundlegend Neues
hinzugekommen ist. Dafür wurden alte Funktionen im Outfit des Ser-
vices/Geräts stark aufgehübscht. Man bekommt „alten Wein in neuen
Schläuchen", etwas härter ausgedrückt, man bekommt eine Menge
Schnickschnack.

Dies ist ein normaler Vorgang im Lebenszyklus von im Grunde aus-
entwickelten Produkten. Es gibt wenig Essenzielles, was man diesem Produkt noch hinzufügen könnte. Auf der anderen Seite zwingen einem der
Markt und die Wettbewerber, ständig mit etwas Neuem, Besseren aufzu-

warten. Dies führt dazu, dass man an Produkten „Schönheitskorrektu-
ren" durchführt und diese dann versucht, als weltbewegende Neuigkeit
zu verkaufen. Bei diesen Korrekturen des User Interfaces wird natürlich
oft im weitesten Sinne mit Gamification gearbeitet. Im weitesten Sinne
deshalb, weil hier der Kern von Gamification gemeint ist, nämlich durch
interessante, interaktive Darstellung von Inhalten, das Interesse der User
zu wecken.

3.4.6   Gamification in der Praxis

In den nächsten Abschnitten wollen wir uns bereits bestehenden Lösungen am Markt ansehen, die im weitesten Sinne mit Gamification arbeiten. In diesem Kontext ist es weniger wichtig, dass diese Services mit
speziellen Gimmicks glänzen, sondern das Augenmerk liegt auf smoothen, interaktiven Benutzeroberflächen, die nicht mit Einsatz der grafischen Mittel wie z. B. integrierten Videosequenzen etc. sparen.

Video-Streaming-Dienste
Betrachten wir in diesem Zusammenhang Video-Streaming-Dienste.
Dazu gehören u. a. YouTube, Amazon Video, Netflix, aber auch Meta-
Dienste wie Telekom Magenta TV. Wir wollen uns hier nicht mit der
Qualität der Inhalte, sprich der Qualität und Vielfältigkeit der angebote-
nen Videoprodukte, beschäftigen, sondern mit den Teilen der Dienste,
die dafür da sind, einen User zu einem ihn oder sie interessierenden Film
zu führen. Wir werden diesen Teil der Services hier der Einfachheit hal-
ber als Bedienoberfläche bezeichnen. Streaming-Dienste haben das Merkmal, dass sie über sehr viel Content verfügen. Die Reichhaltigkeit des
Contents ist ein Critical Success Factor für den Erfolg des jeweiligen
Dienstes. Der Begriff „Reichhaltigkeit" wäre es dabei durchaus wert, se-
parat analysiert zu werden.

Die Bedienoberfläche folgt im Kern immer demselben Schema: Es
gibt eine Suchfunktion, die als Ergebnis eine Liste von mehr oder weniger passenden Suchergebnissen liefert. Durch Klicken auf einen Eintrag
in der Suchergebnisliste gelangt man zu einer Seite, die das entsprechende
Video, den entsprechenden Film enthält, welchen man dort auch abspie-

len kann. Diese Seite enthält außerdem noch eine Reihe von Empfehlungen, die einen zu weiteren Filmseiten führen, die wiederum Empfehlungen enthalten. Alternativ werden diese Empfehlungen nicht auf der Seite angezeigt, die den abspielbaren Film enthält, sondern eine Ebene höher, wo dann eine Vielzahl von verschiedenen Empfehlungen zusammengefasst wird.

Suchergebnisseite und Filmseiten mit Empfehlungen, genau so hat sich vor einiger Zeit z. B. YouTube präsentiert. Dann kam die Zeit der „modernen Bedienoberfläche", die in ähnlicher Form in fast allen Video-Streaming-Diensten, vor allem bei den gebührenpflichtigen Diensten, Einzug gehalten hat. YouTube hat im Großen und Ganzen das eben beschriebene Schema beibehalten. Es wurden nur neue „Einstiegspunkte" hinzugefügt, die es Usern mit unterschiedlichen Intentionen erlauben, in das Videoangebot einzusteigen.

Es ist naheliegend, dass die entsprechenden genutzten Input-Devices einen starken Einfluss auf das Layoutkonzept der Benutzeroberfläche ausüben. Das User-Interface muss irgendwie anders gestaltet sein, wenn ich eine Fernbedienung benutze, statt mithilfe einer Maus einen Zeiger auf der Anzeige hin und her zu bewegen. Diesen Punkt werden wir im nächsten Abschnitt genauer beleuchten.

Bei den anderen Diensten werden gesuchte und empfohlene Videos dem User gewissermaßen als grafisch aufbereitetes Journal präsentiert, in dem er sich durch eine große Menge von Videoprodukten, die ihn irgendwie interessieren könnten, entlangklicken kann. Für jedes Video ist eine Detailseite vorhanden, die animiert durch kurze Videoausschnitte das entsprechende Videoprodukt den User zum Konsumieren empfehlen soll. Dazu gibt es noch eine kurze textuelle „Zusammenfassung" eines Films oder einer Serie, die bei manchen Videodiensten eher zur Verwirrung als zur Klärung beiträgt. Die ganze Darstellung ähnelt interaktiven, individualisierten Fernsehprogrammzeitschriften oder Videomagazinen.

Die Bedienoberfläche soll den ungebremsten Konsum fördern und dient damit den Geschäftszielen des entsprechenden Streaming-Dienstes. Interessant ist die Neuerung, dass ein User über verschiedene Einstiegspunkte in das Videoangebot gelangen kann. Diese verschiedenen Einstiegspunkte wie „mit deinem Profil weiterschauen", „derzeit beliebt" etc. bieten eigentlich verschiedene Ordnungen des Videoangebots. Ordnungen, die, abstrakt ausgedrückt, verschiedenen semantischen Kontexten oder auch User-Intentionen entsprechen.

Interessant ist auch der Vergleich zwischen frei verfügbaren Diensten wie YouTube und gebührenpflichtigen Diensten wie z. B. Netflix. Die ersten finanzieren sich zu erheblichen Teilen durch Schaltung von Werbung, während die zweite Gruppe eben nicht durch Werbung finanziert wird. Dies wirkt sich auch erheblich auf den Aufbau der Bedienoberfläche aus. Frei verfügbare Dienste wie YouTube haben andere Geschäftsinteressen wie Bezahl-Videodienste. YouTube hat ein offenes, aus der Community gespeistes Angebot und muss mit dieser Vielfalt so umgehen, dass es möglichst viele Videos mit möglichst hohen Klickzahlen gibt. Denn je höher die Klickzahlen auf ein Video, desto teurer sind auch die Werbeplätze.

Zusätzlich ist die Suchmaschine von YouTube sehr gut (wen wundert es) denn es steckt in den Empfehlungsalgorithmen viel Intelligenz. Das Image von YouTube ist, über ein schier unerschöpfliches Repertoire zu verfügen, und was wäre schon dieses Repertoire wert, wenn man nicht finden würde, wonach man sucht und zusätzlich noch auf „unentdeckte Winkel" dieser Videolandschaft aufmerksam gemacht würde. Zusätzlich gibt es die Möglichkeit, Kommentare über Videos zu schreiben. YouTube ist kein reiner Streaming-Dienst. Das Channel-Konzept, in dem User eigene personalisierte Inhalte anlegen und mit anderen teilen können, macht YouTube zum sozialen Netzwerk. Die Kommentare von Nutzern, die gewissermaßen als neue Attribute einzelnen Videos zugeordnet sind, bilden kollaborative Strukturen.[22] Durch all diese zusätzlichen Community-Informationen wird natürlich die Suchmaschine und der Empfehlungsservice noch besser.

Bezahl-Videodienste haben verschiedene Interessenlagen. Ihre Interessenlage ist, möglichst viele zufriedene Kunden zu haben, denn zufriedene Kunden empfehlen den Dienst weiter und damit steigt die Kundenzahl. Videodienste wie Netflix haben ein festes, redaktionelles Angebot. Das

---

[22] Collaborative Filtering: „User, die dieses Video kommentiert (und damit angeschaut haben), haben auch folgende Videos kommentiert (angeschaut)". Collaborative Filtering wird in den Abschn. 2.5.1.1 ff thematisiert.

Ziel der Bedienoberfläche ist es, Kunden möglichst vielseitige Möglichkeiten zu bieten, um im vorhandenen Angebot zu stöbern.

Um zu zeigen, mit welchen differenzierten Überlegungen man an ein Portal, an einen Streaming-Dienst, aber auch an einen Webshop herangehen muss, um den Erfolg solcher Dienste zu optimieren, haben wir exemplarisch Video-Streaming-Dienste etwas genauer unter die Lupe genommen. Um die verschiedenen Geschäftsziele der Dienste zu erreichen, müssen auch Suchalgorithmen und Empfehlungsmaschinen speziell aufgesetzt und parametrisiert werden. Hier ist Fachwissen gefragt, es gibt da leider keine Lösung von der Stange. Im nächsten Abschnitt wollen wir uns noch kurz mit „Nebenwirkungen" von solchen Optimierungsstrategien beschäftigen.

User-Interface: Ein Paradigma ändert sich

Vor nicht allzu langer Zeit war das dominierende Device bei den Usern der Home-Computer oder das Notebook. Das dominierende Input-Device war die Maus. Benutzeroberflächen waren ganz auf die Maus und die Tastatur ausgerichtet: Es gab jede Menge Knöpfe und Scrollbars. Drag and Drop war die Krönung des Komforts. Übereinanderliegende Fenster erweiterten den Darstellungsbereich von Anwendungen.

Dann traten das Smartphone und das Tablet ihren Siegeszug an. Der User interagierte jetzt direkt mittels seiner Finger mit der Benutzeroberfläche. Das Paradigma eines User-Interfaces änderte sich. Sogenannte Gestures bestimmten jetzt die Interaktion mit dem Gerät: Wischen ersetzte jetzt das Scrollen. Im Prinzip konnte man eine beliebige Bewegung von Fingern auf dem Display einer Aktion zuordnen. Der Zugang zum Gerät wurde viel direkter. Waren beim PC Anzeige- und Input-Device noch räumlich getrennt, so interagiert beim Smartphone der User direkt mit dem Display. Eine virtuelle Tastatur ist eine nur gelegentlich benötigte Option. Dafür wurde und wird Steuerung durch gesprochene Sprache immer wichtiger.

Mit diesen Änderungen in der Benutzeroberfläche änderten sich auch die Nutzungsgewohnheiten der User. Hatte man beim PC noch viel Platz auf dem Bildschirm, so erwartet man beim Smartphone, dass die Darstellung kompakter und stringenter ausfällt und irgendwie „easy" und spielerisch zu bedienen ist. Die Geste des Wischens animiert einen, sich durch das Angebot vieler Einzelinhalte hindurch zu bewegen und, falls einem ein Inhalt gefällt, durch Antippen dieses Inhalts zur nächsten Detailierungsstufe zu gelangen.

Das Verhalten des Smartphones beim Wischen über das Display suggeriert einem, die einzelnen Inhalte, die sich dann bewegen, seien irgendwie physikalisch existent, da sie sich beim Wischen wie physikalische Körper verhalten, die man anstubbst. Das Erscheinungsbild von Apps ist meist viel dynamischer, als es bei einer klassischen PC-Anwendung der Fall war. Dann gibt es noch eine Menge von Icons mit standardisierter Bedeutung. Als Beispiel möchte ich den klassischen „Daumen hoch" erwähnen.

Die Darstellung hat ihren Schwerpunkt auf Bildern und Videos. Text zu lesen wird eher als mühsam betrachtet, außer es handelt sich um eine App zum Chatten. Aber auch dort gilt: „In der Kürze liegt die Würze". Speziell Twitter hat dieses geflügelte Wort verinnerlicht. Gefühlsaussagen werden in direkten Kommunikationen durch den Gebrauch von Emoticons standardisiert und der User-Input dadurch minimiert. Sogenannte Memes[23] dienen zur gegenseitigen Synchronisation von Usern auf einer nicht einfach zu benennenden Ebene.

Mit dem Einzug von interaktiven Fernsehgeräten kommt ein drittes User-Interface-Paradigma dazu. Diese interaktiven Fernsehgeräte werden immer wichtiger und populärer. Vor allem durch preiswerte Video-Streaming-Sticks, die man einfach in einen freien HDMI-Eingang des Fernsehers steckt, wandelt sich der Fernseher zu einem interaktiven Gerät. Dort haben wir nochmal ein anderes User-Input-Verhalten, denn dieses wird über eine Fernbedienung abgewickelt. Diese Fernbedienung hat meistens, in Bezug auf die Interaktivität, sehr wenig Knöpfe: links, rechts, hoch, runter, Enter und zurück. Mit diesen beschränkten Möglichkeiten muss die ganze User-Interaktion abgewickelt werden, und das noch so bequem wie möglich.

Die Darstellung auf dem Bildschirm sollte noch plakativer und einfacher zu rezipieren sein, als es beim Smartphone der Fall ist. Denn man

---

[23] Zu Memes siehe auch https://de.wikipedia.org/wiki/Internetphänomen. Zugegriffen am 30.10.2019.

sitzt oder liegt in der Regel an einem Platz, der einigen Abstand zum Fernseher hat. Obwohl bei vielen Menschen der Trend zu erkennen ist, sich leinwandgroße Fernseher zu kaufen, sind durch den Abstand von Mensch zu Fernseher kleine Details nur mit Anstrengung aufzunehmen. Und da ein Fernseher ein ausgesprochenes Freizeitgerät ist, ist die Bereitschaft, sich beim Gucken anzustrengen, eher seltener verbreitet. Zu den nur mit Anstrengung aufzunehmenden Details zählt natürlich auch Text, vor allem wenn er etwas länger ist.

Zu den lästigen Dingen in diesem Zusammenhang gehört auch, eine längere Abfolge von Knöpfen auf der Fernbedienung drücken zu müssen. Deswegen ist es quasi ein Muss, intelligente Algorithmen einzusetzen, die dafür sorgen, dass der Konsument mit möglichst wenig Aktionen auf seiner Fernbedienung zu den gewünschten Inhalten gelangt. Video-Streaming-Dienste kennen diese Hintergründe und die neue journalartige Darstellung von Inhalten ist die Antwort auf die eben geschilderten Randbedingungen. Diese Benutzeroberflächen sind in unserer Definition Gadgets.

Gadgets im Webshop

Der kurze Ausflug in die Welt der Content Portale, speziell der Video-Streaming-Dienste, hat uns gezeigt, dass Gadgets absolut auf dem Vormarsch sind. Gadgets haben wir dabei als Sammelbegriff für Benutzeroberflächen verwandt, die bei den Usern durch Gebrauch aller grafischen Möglichkeiten und umfangreichen Design eine neue Art von Interesse wecken wollen und sich als besonders benutzerfreundlich ausgeben.

Wir haben aber auch gesehen, dass solche Gadgets, um ihre Gesamtwirkung zu entfalten, auf genau abgestimmte intelligente Services angewiesen sind. In den betrachteten Fällen sind diese Services Produktsuche und Empfehlungsservice, wobei wir auch gesehen haben, dass der Empfehlungsservice immer mehr an Bedeutung gewinnt. Dabei soll nicht unerwähnt bleiben, dass der Raum von möglichen Empfehlungskontexten zugenommen hat. Diese Kontexte erkennt man in den Überschriften von Empfehlungsleisten: „Für Dich ausgesucht", „Weil Du xyz angesehen hast", „Neuerscheinungen für Dich" etc.

Wir wollen diesen Umstand etwas verallgemeinern und in einer generellen These formulieren: Will ich als E-Commerce-Anbieter Gadgets in unserer Definition nutzen, so reicht es nicht, ein grafisch interessant gestaltetes User-Interface zu bieten, sondern es müssen im gleichen Maße neue, nützliche und interessante Funktionalitäten hinzukommen.

> Es sollte ein Gleichgewicht zwischen interessanter interaktiver Darstellung und interessanter Funktionalität herrschen. Darstellung und Funktionalität müssen dabei aufs Engste verzahnt werden.

Nun ist es Zeit, sich wieder dem Thema Webshop zuzuwenden. Wie steht ein Webshop in Beziehung zu Video-Streaming-Diensten und Content-Portalen? Es gibt Gemeinsamkeiten und Unterschiede. Am ehesten passt noch der Vergleich mit einem Video-Streaming-Dienst, der Video on Demand anbietet.[24] Man kann dabei den Kunden nicht einfach im großen Stil mit dem umfangreichen Angebot konfrontieren, denn bei Video on Demand und im Webshop herrscht nicht der Grundsatz „all you can eat", sondern die einzelnen Produkte kosten Geld. Das bedeutet, man sollte einen Kunden effizient zu Produkten führen, die ihn wirklich interessieren, und dies sollte durchaus im neuen Gadget-Stil passieren.

Ähnliche Denkweisen ziehen auch gerade als Trends in die Welt der Online-Shops ein und führen natürlich erst mal zu wohlklingenden neuen Begriffen wie z. B. Customer Centricity. Die Bedürfnisse des Kunden sollen in den Mittelpunkt gestellt werden. Die Grundeinstellungen wandeln sich, bekommen quasi einen leicht buddhistischen Einschlag und es wird sinngemäß postuliert: „der Weg ist das Ziel". Mit anderen Worten: Die Qualität des Einkaufserlebnisses bestimmt maßgeblich den Erfolg des Webshops.[25] Was diese These für Widgets auf dem Weg zu Gadgets bedeutet, wollen wir im nächsten Abschnitt genauer analysieren.

---

[24] Exlibris bietet z. B. in ihrem Webshop Video on Demand in großem Umfang an.

[25] Siehe z. B. Whitepaper von Episerver: https://www.episerver.de/4962b6/globalassets/assets-website-structure/resources/guides-and-reports/report_reimagining_commerce_2018_de.pdf. Zugegriffen am 30.10.2019.

Gadgets in einer Client-Server-Betrachtung

Widgets entwickeln sich zu Gadgets, indem man in Widgets neue, spaß-erzeugende, spielerisch zu bedienende Interaktivitäten einbaut, denen interessante und nützliche Funktionalitäten zugrunde liegen. Gadgets zeichnen sich also nicht nur durch ihre grafische Brillanz, sondern besonders auch durch ihre „Intelligenz" aus, die dann durch die innovative, interaktive Benutzeroberfläche ins richtige Licht gerückt wird. Die schillernde Benutzeroberfläche darf also kein Selbstzweck sein, sonst werden viele User schnell das Interesse an einem solchen Gadget verlieren.

Auf der anderen Seite kann man Gadgets auch als Container für Widgets betrachten. Hat ein Widget noch die Funktion, eine ganz bestimmte Sache, z. B. eine Produktsuche, für den Benutzer optimal darzustellen und abzuwickeln, so ist der Funktionsumfang eines Gadgets umfangreicher. Es enthält die Widgets, die Einzelaufgaben bedienen, enthält aber auch die Intelligenz, situationsbedingt zur Erledigung bestimmter Aufgaben die dafür vorgesehenen Widgets aufzurufen.

Was lassen sich nun für Schlussfolgerungen für Gadgets im Bereich E-Commerce ziehen? Was bedeuten die Anforderungen, die wir an Gadgets stellen im Kontext der bereits erörterten Punkte, wie z. B. Systemarchitekturen und wie ordnen sich Gadgets in die Landschaft der bereits bestehenden Personalisierungsservices ein, die meistens in Form einer „Silo-Architektur" vorliegen?[26] Man muss nicht lange nachdenken, um zu sehen, dass die Architektur von Services, die heute die Customer Journey des Kunden unterstützen und wie sie heute normalerweise implementiert wird, nicht optimal geeignet ist, um die neue Welt von Gadgets optimal zu unterstützen.

Wir wollen hier noch mal kurz rekapitulieren, welche im Frontend implementierten Services heute die Customer Journey des Kunden unterstützen. Die vier Phasen des Einkaufens haben wir weiter oben schon identifiziert: Orientierungsphase, Beratungsphase, Inspirationsphase und Kundenbindungsphase. Dementsprechend findet man im Umfeld eines Webshops vier Services, die diesen Phasen zugeordnet sind: Produktsuche, Produktberater, Empfehlungsservice und Service zur Offsite-Versendung von personalisierten Nachrichten, wie z. B. Newsletter. Im Zu-

---

[26] Siehe Abschnitt: „Die vier Silos in einem Onlineshop".

sammenhang mit dem Thema „Gadgets" können wir uns auf die Echtzeitservices, Suche, Produktberater und Recommendation Engine beschränken. Zudem können wir Produktberater erst mal außen vor lassen, da wir ja schon gesehen haben, dass diese Art von Service eigentlich schon in Richtung komplexes Widget geht, also als Vorläufer eines Gadgets angesehen werden kann.

Was übrig bleibt sind Produktsuche und Empfehlungen. Diese Services, die oft auch noch von verschiedenen Herstellern geliefert wurden, haben minimierte Webservice APIs, die von Scripts innerhalb eines Browsers aufgerufen werden können. Diese APIs bilden einen begrenzten Funktionsumfang ab, der so gestaltet ist, dass die Services genau das leisten, was sie sollen, nämlich Suchen und Empfehlen.

Suchen und Empfehlen sind unbestritten Grundpfeiler für Anwendungen, die den Kunden in seinem Einkaufsprozess unterstützen wollen. Wir reden hier mit Absicht nicht von Produktsuche und Produktempfehlungen. Denn, wie wir weiter oben schon erörtert haben, leben sinnvolle Gadgets nicht nur von ihrem ausgefeilten User-Interface, sondern müssen auch beim intelligenten Verhalten etwas zu bieten haben. Das hat einige Konsequenzen:

1) Auch die Suche sollte personalisiert sein und eng mit dem Empfehlungsservice zusammenarbeiten.
2) Als Grundvoraussetzung für diese Zusammenarbeit sollten sich Suche und Empfehlungsservice aus denselben Datentöpfen bedienen, um grundlegende Inkonsistenzen zu vermeiden.
3) Sowohl Suche als auch Empfehlungsservice sollten an Intelligenz zulegen. Dies bedeutet vor allem, dass Such- und Empfehlungsservices in verschiedenen Kontexten angepasste Ergebnisse liefern sollten.
4) Die Produktdaten müssen mit neuen, aussagekräftigen Feldern angereichert werden. Um dies zu erreichen, bieten sich spezielle KI-Verfahren und der strukturierter Einsatz von Clickworkern an.
5) Es muss ein neues Stück Software geben, das Kontexte sinnvoll verarbeiten und Such- und Empfehlungsfunktionalität mit entsprechender Parametrisierung aufrufen kann.
6) Dieses neue Stück Software, das wir **Semantic Engine** nennen werden, wird viel mit Künstlicher Intelligenz zu tun haben.

3.4.7 Der digitale Verkäufer: personalisierte Webshops als Gadgets

In den letzten Abschnitten haben wir Entwicklungen von Benutzeroberflächen und Servicearchitekturen bestimmter Webanwendungen nachgezeichnet. Wir konnten dabei natürlich nicht das gesamte Geschehen im Internet systematisch auswerten, sondern mussten uns auf ausgesuchte Aspekte konzentrieren, von denen wir glauben, dass sie Trends besonders gut erahnen lassen. Unser Interesse gilt nach wie vor der Weiterentwicklung von Webshops. Deswegen ist es an der Zeit, die einzelnen Puzzlesteine unter dem Blickwinkel zusammenzusetzen, was wir für den Webshop der nahen Zukunft, nennen wir ihn „Shop 4.0", daraus ableiten können.

Wir haben uns viel mit Video-Streaming-Diensten und deren zeitliche Metamorphosen beschäftigt, da wir denken, dass diese Dienste Webshops in der Regel etwas voraus sind. Dies mag mehrere Gründe haben. Zum einen gehören Anwendungen wie YouTube dazu, hinter denen ein ungeheuer großer Apparat an Entwicklern, Designern, Psychologen etc. steht, der dauernd damit beschäftigt ist, die marktführende Stellung und die Vorreiterschaft in Sachen Innovation weiter auszubauen. Zum anderen sind die Funktionalitäten von Streaming-Diensten in der Regel einfacher zu vereinheitlichen, als die Funktionalitäten von Webshops. Bei den einen gibt es eine einheitliche Produktstruktur, nämlich Videos, bei den anderen, gibt es vielfach eine recht heterogene Produktstruktur, bei denen jede Produktkategorie eine etwas andere Behandlung braucht. Gerade YouTube ist in unserer Betrachtungsweise ein sehr interessanter Kandidat, da YouTube ein Hybrid aus Streaming-Dienst und sozialem Netzwerk ist. Denn gewisse generell wichtige Aspekte unserer Betrachtung betreffen natürlich auch soziale Netzwerke wie Facebook.

Da wir einheitliche Entwicklungen in fast allen wesentlichen Anwendungsgebieten des Internets feststellen können, sich gewissermaßen einheitliche Paradigmen der Darstellung und User-Interaktion überall finden lassen, wagen wir die Schlussfolgerung, dass diese Paradigmen früher oder später auch bei Webshops auftauchen werden. Wir haben versucht, ein wesentliches Grundparadigma unter dem Begriff Gadget anschaulicher werden zu lassen. Ein Gadget ist das Resultat, wenn eine elaborierte Präsentationsschicht mit entsprechender Intelligenz in den beteiligten Webservices zusammenarbeitet. In dieser Definition ist das Thema Künstliche Intelligenz implizit enthalten, denn die moderne Form der technischen Intelligenz ist eben Künstliche Intelligenz.

Ein wichtiges Phänomen von Gadgets in unserem Sinne ist, dass man als User ihnen ihre technische Komplexität nicht ansieht (zumindest, wenn sie gut gemacht sind). Es ist fast paradox, dass die intelligente Komplexität von Gadgets sich in einer neuen Einfachheit für den User darstellt. Diese neue Einfachheit durch interne Serviceintelligenz stellt gewissermaßen die Leitlinie der ganzen Entwicklung dar und bildet auch den Qualitätsmaßstab.

Der Webshop der Zukunft wird hier nicht aus dem Rahmen fallen. Die neue Einfachheit, die eine neue Art von Serviceflexibilität erfordert, führt nicht nur dazu, das ein interessantes Produkt für den User quasi von selbst aus dem Kontinuum aller verfügbaren Produkte auftaucht, sondern es werden auch Informationen in den verschiedensten Kontexten wie selbstverständlich verfügbar sein, wenn sie für den Kunden erheblich sind. Bei Google kann man das schon sehen und man nutzt es als Selbstverständlichkeit. Wenn ich zum Beispiel eine Suchanfrage stelle, deren Ergebnis in einem geografischen Kontext relevant ist, so bekomme ich als Ergebnisanzeige eine Landkarte mit vielen interaktiven Funktionen (Google Maps) in der z. B. das gesuchte Hotel eingezeichnet ist.

Technisch gesehen werde ich dann beispielsweise in einem Webshop nicht ein Produkt mit Bild und Text angezeigt bekommen, sondern das Produkt wird eingebettet in eine Anwendung (Widget) sein, die es erlaubt, vielfältige weitere Operationen mit diesem Produkt durchzuführen. Gadgets als Container verwalten also dynamische Widgets. Man bezeichnet solche situationsbedingt angezeigten Widgets auch als **Widget Stream**. Wer Facebook nutzt, nutzt Widget Streams.

Im Prinzip ist diese Vorgehensweise nicht neu. Schon bei Desktoprechnern, egal ob mit Betriebssystem Windows, Unix oder IOS, wurden Daten mit Anwendungen verknüpft. Klicke ich dort auf ein Video, so wird das Video automatisch in einem Videoplayer geöffnet. Allerdings ist diese Verbindung recht starr. Für Daten, z. B. ein Bild, existieren zwar verschieden Kontexte, ich kann das Bild anschauen, bearbeiten, ausdrucken, versenden etc., aber der Nutzer muss anhand einer Auswahlliste selbst entscheiden, welche Aktion er mit diesem Bild durchführen möchte.

Neu bei Gadgets wird sein, dass die verschiedenen Operationen, die ein User kontextabhängig durchführen kann, je nach Intention des Users diesem empfohlen werden. Das bedeutet, da ist eine Meta-Empfehlungsmaschine am Werk, die nicht nur Produkte empfiehlt, sondern auch Operationen, die auf ein Produkt, auf eine Themenwelt, auf eine Wunschliste, eine Suchanfrage usw. bezogen sind. Diese Meta-Empfehlungsmaschine, weiter oben haben wir sie Semantic Engine genannt, könnte situationsbedingt fragen, ob der Kunde ausgehend vom zuletzt angeschauten Produkt nach ähnlichen Produkten stöbern möchte. Sie könnte nachfragen, ob die gerade angesehene Marke die Lieblingsmarke des Kunden ist und ob bei zukünftigen Vorschlägen diese Marke bevorzugt werden soll. Sie könnte auf Fachfragen des Kunden antworten („Gibt es eine ähnliche Jacke auch in Grün?").

Die Anzahl möglicher dynamischer Kontexte im Dialog von Mensch zur Maschine ist endlos. Die benötigte Intelligenz ist erheblich, um einen smoothen Dialog abzuwickeln. Um dabei erfolgreich zu sein, muss man die Anzahl der dynamischen Kontexte begrenzen, ohne dass dies vom Nutzer als Begrenzung wahrgenommen wird. Was wir da eben beschrieben haben ist der digitale Verkäufer. Das Konzept des digitalen Verkäufers kommt bereits in neuesten Entwicklungen zum Tragen.

3.4.8 My Stream®

Die epoq internet service GmbH, der auch die Autoren angehören, hat vor kurzem sein neuestes Produkt „My Stream" vorgestellt.[27] My Stream® realisiert vieles, von dem wir in diesem Buch gesprochen haben. My Stream®

---

[27] My Stream wurde auf der DMEXCO 2019 in Köln vorgestellt und ist ein eingetragenes Warenzeichen der epoq is GmbH.

präsentiert jedem einzelnen Kunden entsprechend seiner Präferenzen Inhalte, die auf ihn oder sie zugeschnitten sind. Technisch gesehen ist My Stream ein Container, in dem situationsbedingt Widgets erzeugt werden, die verschiedene Darstellungen und Interaktionsmöglichkeiten bieten. My Stream ist ein Gadget. Dabei werden Inhalte, Reihenfolge und Funktionalität der Widgets dynamisch auf das Verhalten des Kunden angepasst. My Stream wird sich, nehmen wir hier den Bereich Fashion, ganz wesentlich in seinem Erscheinungsbild unterscheiden, wenn ein Kunde mit sportiven Interessen es nutzt, als wenn z. B. ein Kunde auf My Stream surft, dessen Schwerpunkt auf Businesskleidung liegt. Die spontane Reaktion eines Messebesuchers, als ihm My Stream gezeigt wurde, war: „Das ist ja Netflix für E-Commerce!". My Stream zeigt, was richtig eingesetzte, moderne KI im E-Commerce in Bezug auf Personalisierung zu leisten imstande ist.

Jedem Widget-Typ in My Stream entspricht ein entsprechender Modul im My Stream-Server, in dem spezialisierte KI aus allen Bereichen engmaschig zusammenarbeitet, um die entsprechende Funktionalität zu gewährleisten. Diese einzelnen Module tauschen dabei natürlich auch untereinander teilweise sehr komplexe Informationen aus. Zudem stellt der My Stream-Server als Container dieser Module alle nötigen Basisfunktionen bereit, z. B. den Zugriff auf die Wissensbasis und den Clickstream der einzelnen User. Wie aus den Überlegungen, die wir in den letzten Kapiteln angestellt haben hervorgeht, verfügt der My Stream-Server über zusätzliche Intelligenz, die unter anderem auf der Basis von Hyperpersonalisierung und einer Semantic Engine dynamisch die richtigen Widgets mit der korrekten Parametrisierung erzeugt und zur Anzeige bringt. Obwohl die Umsetzung von My Stream, wie man sich denken kann, eine sehr anspruchsvolle technische Herausforderung darstellte, bleibt die Integration in einen Webshop dennoch simpel. Selbstoptimierung durch Reinforcement Learning und zusätzliche KI werden dafür sorgen, dass auch das Customizing auf einzelne Shops keine Mammutaufgabe wird, sondern dass auch Partner darin unterstützt werden, diese Schritte selbständig und zügig durchzuführen (Abb. 3.1).

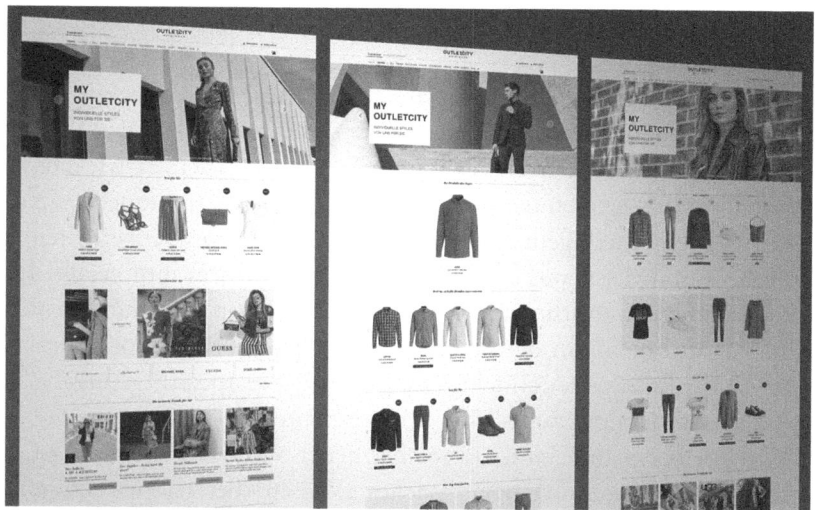

Abb. 3.1 Wie sich epoq My Stream verschiedenen Kundentypen anpasst

3.5 Zusammenfassung: was bewirkt KI im Online-Shop?

Der Online-Shop der Zukunft, die ja bereits begonnen hat, unterscheidet sich grundlegend von Shops, wie wir sie bisher kennen. Diese Transformation wird von den Errungenschaften der Künstlichen Intelligenz vorwärts getrieben. Generell kann man sagen, dass das Einkaufen im Internet in der Vergangenheit von recht starren Shopstrukturen geprägt wurde. Wir haben die Strukturen des „klassischen" Online-Shops weiter oben ausführlich behandelt. KI führt dazu, dass ein Shop zunehmend dynamisch und individuell auf die einzelnen Kunden reagiert. Für dieses Verhalten hat sich der Begriff „Personalisierung" etabliert.

In Form von personalisierten Produktempfehlungen und intelligenter Produktsuche nutzen Kunden KI schon seit geraumer Zeit. Neu ist, dass sich auch die starre Ablauflogik sowie das Erscheinungsbild eines Shops dynamisch und situationsbedingt in Echtzeit den Bedürfnissen der Kunden anpassen. Es entsteht ein vielschichtiger Dialog zwischen Shop und Kunden. Dabei spielen sogenannte Widgets eine zentrale Rolle, um die entsprechenden Inhalte dynamisch und grafisch perfekt in einem Browser darzustellen.

Auf der anderen Seite musste sich natürlich auch die dabei eingesetzte KI erheblich weiterentwickeln, damit diese neuen dynamischen Online-Shops, einen deutlichen Zusatznutzen erbringen. Themen wie Hyperpersonalisierung spielen dabei eine wichtige Rolle. Man braucht einfach neue Arten von intelligenten Sensoren, die aus dem Kundenverhalten im Shop herausarbeiten, was ein Kunde erwartet und was ihm gefällt. Insgesamt sind KI-Algorithmen, wie sie im Online-Shop verwendet werden, keine Algorithmen von der Stange. Sie sind in der Regel hoch spezialisierte algorithmische Architekturen, die auf ihre spezielle Aufgabe im Rahmen des Gesamtgefüges hin optimiert wurden.

Wie intelligent insgesamt ein solcher neuer Shop dann reagiert, ist im starken Maße davon abhängig, welches „Wissen" der KI zur Verfügung steht. Um z. B. die Erkenntnis zu verarbeiten, dass der Kunde auf längsgestreifte T-Shirts steht, brauchen die Algorithmen die Information, dass ein Kleidungsstück, das dem Kunden vorgeschlagen wird, längs gestreift ist. An dieser Stelle tut sich ein neues Tätigkeitsfeld auf, das darin besteht, differenzierte Produkteigenschaften zu ermitteln und die Produktdaten damit anzureichern. Auch hier kommt natürlich KI ins Spiel. Deep-Learning-Algorithmen können dazu eingesetzt werden, um aus einem Produktbild Eigenschaften wie „gestreift", „großmustrig" etc. herauszuarbeiten.

Wir haben weiter oben auch recht ausführlich gezeigt, welche Schwierigkeiten aus dem Blickwinkel von Systemarchitekturen bestehen, um Alt mit Neu zu verheiraten. Will man neues, dynamisches Shopping mit etablierten klassischen Shopsystemen verbinden, so ist es am besten, ein Master-Widget, hinter dem das neue dynamische System steckt, in den Seitencode des Webshop-Systems einzubinden. Wir haben ein solches Master-Widget oben als Gadget bezeichnet.

Ein zusätzlicher Seiteneffekt, der durch die neue Freiheit im Webshop erreicht wird, ist die Tatsache, dass der Umgang mit einem solchen Online-Shop interessanter und spielerischer wird. Wir sind auf das Thema Gamification ausführlich eingegangen. Es scheinen sich ganz bestimmte Darstellungs- und Interaktionsformen inzwischen applikationsübergreifend bei Internetportalen durchzusetzen, die die User inzwischen als Standard ansehen.

4

Vernetzung, Künstliche Intelligenz und ihre Nebenwirkungen

Es ist schon erstaunlich, wie neue Technologien neue Lösungen hervorbringen, fast als würden sie einem geheimen, inhärenten Entwicklungsplan folgen. Am Beispiel von E-Commerce-nahen Anwendungen versuchten wir zu zeigen, wie logisch nachvollziehbar, fast schon zwangsläufig sich neue Paradigmen und Anmutungen der Lösungen in einem quasi evolutionären Prozess entwickeln. Wir haben auch versucht, aufzuzeigen, wie sich in einem analogen Entwicklungsprozess gewissermaßen zwangsläufig aus der technologischen Aufrüstung des Internets – sprich, immer schnellere Netze und immer leistungsfähigere Computer – eine kohärente Linie von sozialen Netzwerken über Big Data hin zur Künstlichen Intelligenz ergab. Es entspricht dem Charakter dieses Buchs, dass wir nicht in der Euphorie des technisch Machbaren abtauchen, sondern als Gegengewicht auch die andere Seite der Medaille beleuchten. Dies betrifft insbesondere die Auswirkungen dieser mächtigen Technologien auf das Verhalten und Denken von Menschen und der Gesellschaft im Ganzen.

© Springer Fachmedien Wiesbaden GmbH, ein Teil von Springer Nature 2020
M. Bernhard, T. Mühling, *Verantwortungsvolle KI im E-Commerce*,
https://doi.org/10.1007/978-3-658-29037-5_4

4.1 Ganz besondere neuronale Netze: soziale Netzwerke

Ein soziales Netzwerk ist ein Phänomen, in dem einzelne User mit anderen Usern, die „Freunde" oder „Follower" genannt werden, verbunden sind. Jeder kennt Facebook, YouTube, WhatsApp und Twitter, um eine kleine Auswahl an sozialen Netzwerken beim Namen zu nennen. Es ist auch evident, welche große Rolle soziale Netzwerke in unserer heutigen globalisierten Gesellschaft spielen. Sogar Staatspräsidenten nutzen Twitter, um ihre Entscheidungen und verbalen Äußerungen scheinbar ungefiltert in die Community einzuspeisen.

Wir wollen hier den Versuch wagen, so ein soziales Netzwerk als neuronales Netzwerk zu begreifen. Die einzelnen Neuronen dieses Netzwerks sind die User, offensichtlich die komplexeste Form von Neuronen, die man sich denken kann. Dennoch gibt es viele Hinweise, dass man unter gewissen Blickwinkeln diese menschlichen Neuronen in ihrem Verhalten stark vereinfachen kann. Bevor wir mit dieser Betrachtungsweise fortfahren, ist es sinnvoll, sich mit der Systematik von adaptiven Systemen zu beschäftigen.

4.1.1 Agentenszenarios

Neuronale Netze sind in ihrer Struktur eine spezielle Ausprägung einer übergeordneten Klasse, die wir „Agentenszenarios" nennen möchten. Agentenszenarios bestehen, wie der Name schon sagt, aus einzelnen Entitäten, die in einem gemeinsamen Kontext, dem Szenario, agieren. Die Agenten haben innere Zustände, die sich aus den Zuständen der anderen Agenten ableiten. Die Anzahl der Agenten sollte groß sein. Unter die Struktur von Agentenszenarios fallen Partikelsysteme, besser bekannt als Schwärme, zelluläre Automaten und neuronale Netze. Die Regeln, wie sich die Agenten untereinander austauschen, wie sie miteinander wechselwirken, bestimmt die Art des Agentenszenarios. Auf die Rolle des Szenarios wollen wir in diesem kurzen Abschnitt nicht eingehen.

Die einzelnen Typen von Agentenszenarios unterscheiden sich durch bestimmte Randbedingungen. Am festesten „verdrahtet" sind dabei zelluläre Automaten. Der bekannteste Vertreter diese Art ist bekannt unter dem Namen „Spiel des Lebens",[1] das es auch als Brettspiel gibt. In diesem Spiel gibt es Zellen, die in einem rechteckigen Raster angeordnet sind, also feste räumliche Koordinaten besitzen. Diese Zellen haben jeweils zwei Zustände: lebendig oder tot. Die Nachbarn einer Zelle sind die acht direkt angrenzenden Zellen. Die Regeln sind einfach:

1. Lebende Zellen mit weniger als zwei lebenden Nachbarn sterben in der Folgegeneration an Einsamkeit.
2. Eine lebende Zelle mit zwei oder drei lebenden Nachbarn bleibt in der Folgegeneration am Leben.
3. Lebende Zellen mit mehr als drei lebenden Nachbarn sterben in der Folgegeneration an Überbevölkerung.

Das Spiel wird iterativ gespielt. Je nach Anfangsbedingung (welche Steine sind bei Spielbeginn tot, welche lebendig) ergeben sich bei der iterativen Anwendung der Regeln höchst dynamische und interessante Muster, die man dieser einfachen Anordnung überhaupt nicht zugetraut hätte.

Am lockersten und dynamischsten sind die Regeln bei Schwärmen. Jedes Individuum („Neuron") hat einen Aufenthaltsort, also Koordinaten, die sich bei iterativer Anwendung der Regeln ändern. Die „Verdrahtung" zwischen den Individuen ist ebenfalls dynamisch. Individuen, die sich in räumlicher Nähe befinden, werden temporär verdrahtet. Verdrahtet heißt, dass diese Individuen sich gegenseitig beeinflussen, also miteinander wechselwirken, wie der Physiker sagen würde. Die Regeln dieser Wechselwirkung sind meistens sehr einfach, beispielsweise, dass jedes Individuum einen gewissen Abstand zu seinen Nachbarn weder überschreitet noch unterschreitet und versucht, sich möglichst in dieselbe Richtung zu bewegen, wie seine Nachbarn. Welche Dynamik und Muster solche Schwärme entwickeln, hat jeder schon gesehen. Es gibt phantastische Videos von Heringsschwärmen oder Staren, die Schwarmver-

---

[1] Game of Life. Siehe auch: https://de.wikipedia.org/wiki/Conways_Spiel_des_Lebens#Die_Spielregeln. Zugegriffen am 30.10.2019.

halten zeigen. Aber auch Computeranimationen von Feuer, Explosionen etc. beruhen auf der Simulation von Schwarmverhalten.

Neuronale Netze liegen strukturell irgendwo zwischen zellulären Automaten und Schwärmen. Sie haben in der Regel keine Koordinaten (außer es handelt sich um Clusteralgorithmen). Aber sie haben eine feste, festgelegte Verdrahtung zu ihren Nachbarn, die viel komplexer ausfallen kann, als bei zellulären Automaten. Die Neuronen haben auch meistens kontinuierliche Zustände[2] und die Regel, die den Wert des Zustands eines Neurons aus den Zuständen seiner Nachbarneuronen berechnet, ist etwas komplizierter, als die Regeln beim Spiel der Lebens.

Während man sich bei zellulären Automaten und Schwärmen meist damit begnügt, sich am freien Spiel der Musterentfaltungen zu erfreuen, werden neuronale Netze als Arbeitspferde eingesetzt. Sie bekommen einen Eingang und einen Ausgang, der Daten überträgt. Ihre Aufgabe ist nicht primär, interessante Muster zu bilden, sondern sie sollen komplexe Zusammenhänge zwischen Eingang und Ausgang lernen. Agentenszenarios sind etwas, was man in einem biologischen Analogon Gattung nennen würde. Man kann beliebige Mischformen aus den geschilderten Prototypen zelluläre Automaten, neuronale Netze und Schwarmsysteme bilden, die jeweils individuelles, komplexes Verhalten an den Tag legen. Agentenszenarios sind dabei keine abgefahrenen Konstrukte von theorie-affinen Ästheten, sondern es ist die Betrachtungsweise, in der die Physik normalerweise unsere Welt beschreibt, sobald viele „Einzelteile", seien es Atome, Moleküle, Festkörper, Sterne oder Galaxien, im Spiel sind. Das Szenario bildet dabei unsere Raum-Zeit.

4.1.2 Simulation sozialer Netzwerke

Soziale Netzwerke fallen ohne Zweifel unter Agentenszenarios. Betrachtet man User als Agenten in einem Agentenszenario, so sieht man, dass ihr Verhalten im Großen und Ganzen recht einfachen Gesetzlichkeiten folgt – und das recht unabhängig von den „interessanten" Inhalten, die

---

[2] Ausnahmen sind z. B. Boltzmann und Hopfield Netze, die binäre Zustandsvariablen besitzen. Siehe zu diesem Thema auch: https://de.wikipedia.org/wiki/Boltzmann-Maschine. Zugegriffen am 30.10.2019.

gerade zwischen den einzelnen Mitgliedern hin und her geschickt werden. Wir wollen hier einmal solche Regeln explizit benennen:

1. Die Wahrscheinlichkeit, dass eine Nachricht retweeted, also an Freunde weitergeschickt wird ist proportional zur Viralität der Nachricht. Nachrichten, die etwas Außergewöhnliches, Entrüstendes, Entzückendes, Provozierendes oder Unglaubliches verbreiten, sind besonderes viral. Dabei kommt es nicht auf die Echtheit der Nachricht an.
2. Die Viralität einer Nachricht wird von der Grundanschauung eines Users moduliert. Ich werde als User nur auf ein „besonders süßes" Katzenvideo reagieren, um ein harmloses Beispiel zu nehmen, wenn Katzenvideos prinzipiell Gefühle in mir auslösen können.
3. Eine virale Nachricht löst bei Usern, die für diese Nachricht empfänglich sind, Kommentare aus.
4. Die Kommentare beeinflussen und prägen die Meinung und die Empfänglichkeit für bestimmte Nachrichten in einer kommunikativ miteinander verbundenen Gruppe.

Mit diesen Regeln kann man grundlegende Aspekte eines sozialen Netzwerkes simulieren, indem man ein entsprechendes Agentenszenario baut. Dies haben wir getan. Ohne Beschränkung der Allgemeinheit[3] haben wir angenommen, dass es drei verschiedene Grundanschauungen bei den Usern gibt. Jeder User hat am Anfang einen individuellen Mix dieser drei Anschauungen. Nennen wir diese Anschauungen „rot" „grün" und „blau", sodass wir sie in der Simulation direkt so darstellen können.

Starten wir jetzt die Simulation dieses Netzwerks, in dem User Nachrichten austauschen, die in ihrer Häufigkeit ihrem Rot-, Grün-, Blau-Profil entsprechen, so bildet sich schnell ein bekanntes Phänomen heraus (Abb. 4.1). Dieses Phänomen heißt „Echo Chambers" (Filterblasen). User, die ähnliche Anschauungsprofile haben, finden sich zu Gruppen zusammen und intensivieren ihre Kommunikation.

Als nächsten Schritt werden wir eine virale Botschaft in das Netzwerk einspeisen. Senden wir eine rote Botschaft an einen User, der grün ist,

---

[3] Das bedeutet, dass durch diese Einschränkung das prinzipielle Verhalten des Systems sich nicht grundlegend ändert.

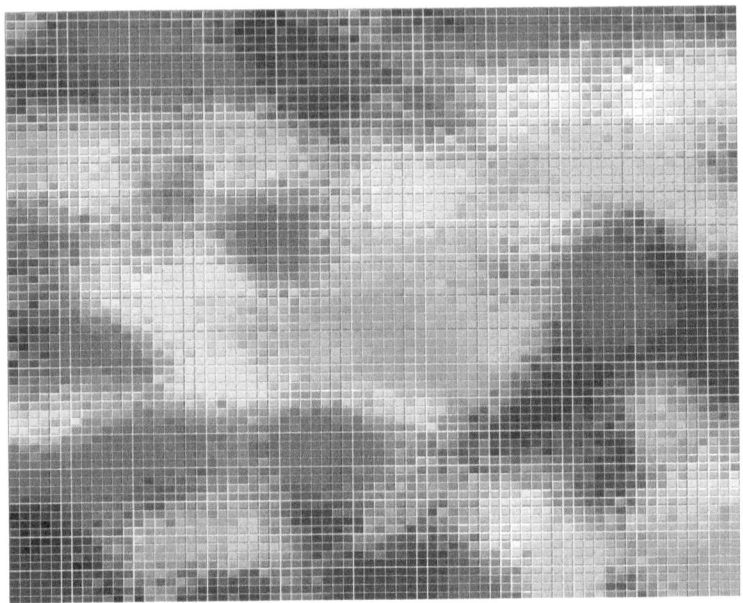

Abb. 4.1 Bildung von Filterblasen in einer Simulation eines sozialen Netzwerks

wird nicht viel passieren, denn der grüne User ist nicht affin für eine rote Botschaft. Senden wir die rote Botschaft allerdings an einen roten User, so ist die Wirkung durchschlagend. Besonders wirksam ist es, wenn wir verschiedene rote Botschaften kurz hintereinander an rote User senden (Abb. 4.2). Die rote Botschaft wird sich wie ein Lauffeuer unter allen Usern verbreiten, die eine Affinität, die durchaus nicht groß sein muss, zu roten Botschaften haben. Das Netzwerk radikalisiert gewissermaßen.

Diese Effekte sind in sozialen Netzwerken durchaus bekannt. Es ist sogar eine große politische Debatte um Einflussnahmen auf Demokratien mittels Fake News entstanden. Das Problem ist äußerst real und beunruhigend. Aber unsere Intention, auf dieses Thema zu sprechen zu kommen, ist eine andere. Wir wollten zeigen, dass soziale Netzwerke in wesentlichen, gesellschaftlich relevanten Aspekten durch relativ einfache Agentenszenarios simuliert werden können. Die Tatsache, dass die einzelnen „Neuronen" in diesem Agentenszenario hochkomplexe individuelle Menschen sind, spielt für das Verhalten des Gesamtsystems eine recht

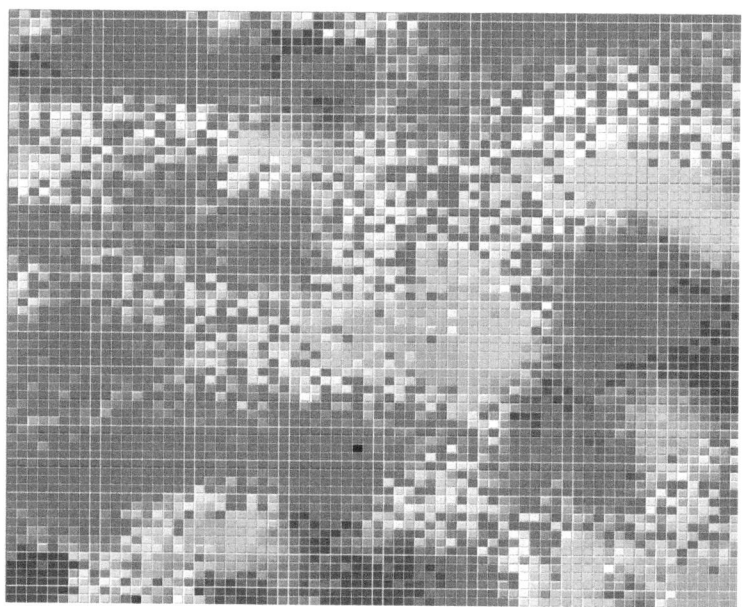

Abb. 4.2 Reaktion des Netzwerks auf „rote" virale Botschaften

untergeordnete Rolle. Frappierend ist, dass solche Agentenszenarios in ihrer Verhaltenskomplexität physikalischen Systemen wie Mctalle in ihrem Magnetisierungsverhalten recht ähnlich sind.[4] Die viralen Botschaften entsprechen bei Metallen der Magnetisierung, in dem ich z. B. mit einem starken Magneten am Metall entlangstreiche. In der Tat bilden sich in einem Magneten Domänen mit gleicher Magnetisierungsrichtung aus, die in der Physik Weiss-Bezirke genannt werden.[5] Die Frage, die wir einfach im Raum stehen lassen wollen ist folgende: Führt die als Zukunft gepriesene digitale Vernetzung der Menschen letztendlich dazu, dass sich

---

[4] Natürlich lassen wir hier außen vor, dass ein User Mitglied in mehreren Filterblasen sein kann, was die Elementarmagneten in einem Ferromagneten natürlich nicht können. Jemand kann z. B. zu einer ausländerfeindlichen Filterblase gehören und daneben einem aktiven Kreis angehören, in dem sich die Mitglieder mit putzigen Katzenvideos gegenseitig emotional hochschaukeln.

[5] Weiss-Bezirke: siehe auch https://de.wikipedia.org/wiki/Weiss-Bezirk (zugegriffen am 30.10.2019). Der Unterschied zwischen Weiss-Bezirken und der gezeigten Netzwerksimulation ist, dass bei der Netzwerksimulation der Vernetzungsgrad der User in räumliche Nähe der Darstellung übersetzt wurde, während bei Weiss-Bezirken diese räumliche Nähe der Bezirke physikalisch existiert.

eine Meta-Organisation bildet, die in ihrer Struktur und ihrem Verhalten auf der Stufe relativ einfacher physikalischer Systeme steht? Kann das Fortschritt sein?

4.1.3 Filterblasen, Nudging und Artensterben

Wechseln wir wieder etwas vom globalen systemkritischen Diskurs auf eine praxisnähere Betrachtungsweise. Wie weiter oben erörtert, dient eine neue Art von Bedienoberflächen dazu, den Konsum von Videoprodukten zu fördern, denn es ist das Ziel des Streaming-Services, dass möglichst viele User möglichst viele Filme anschauen. Wie wir gezeigt haben, sind die Strategien, um das zu erreichen, je nach Geschäftsziel des Anbieters etwas verschieden. Aber trotz aller Unterschiede im Detail führt das dazu, dass Empfehlungen eine immer wichtigere Rolle einnehmen.

Getreu einem früheren Werbeslogan einer Bank „Leben Sie, wir kümmern uns um die Details", soll der Konsument dazu verleitet werden, dem Empfehlungsservice voll zu vertrauen und sich von ihm leiten zu lassen. Dies funktioniert in der Praxis auch sehr gut, denn es ist für den Konsumenten die energiesparendste Lösung, die Arbeit von einem „wohlwollenden Experten", dem Empfehlungsservice, machen zu lassen, um sich möglichst ohne Ablenkung auf den Konsum konzentrieren zu können. Den wenigsten Usern ist dabei bewusst, dass sie dabei in ihrem Konsumverhalten gelenkt werden. Dieses Phänomen ist systemimmanent und hat folgende Ursachen.

Beim Konsum von Content (wir sind hier durchaus nicht auf Videos beschränkt) wird der Empfehlungsservice regelmäßig in einer Rückkopplungsschleife aufgerufen. Ich schaue einen Film, wähle dann anschließend einen empfohlenen Inhalt aus den Empfehlungen, die diesem Film zugeordnet sind. Dort wiederhole ich diesen Vorgang. Dieser Vorgang, Konsum des Inhalts und Springen zum nächsten Inhalt wird dann in einer Schleife wiederholt. Dies ist ein typisches Surfverhalten. Oft wird dieses Surfverhalten zusätzlich „unterstützt", indem, nachdem ein Video zu Ende ist, sofort das nächste abgespielt wird und mir als User gerade mal fünf Sekunden Zeit bleiben, um diese endlose, TV-ähnliche Berieselung aktiv zu unterbrechen.

Der Empfehlungsservice ist dabei in den meisten Fällen ein selbstlernender Service. Durch den Lernvorgang soll eine explizit vorgegebene Zielvorgabe optimiert werden. Da das Ziel des Streaming-Services oder des Portals in Regel sein wird, die Anzahl der Klicks auf den Content dieses Services zu maximieren, wird der Empfehlungsservice die Zielvorgabe bekommen, seine Empfehlungen so zu gestalten, dass die Kette der aufgerufenen Inhalte durch einen User möglichst lang wird. Eine mathematische Lösung dieses Optimierungsproblems ist, das der Empfehlungsservice durch ein Collaborative Filtering feststellt, welcher Content im Zusammenhang des eben angezeigten Contents am häufigsten geklickt wurde.

Dabei werden natürlich Inhalte, die an sich schon hohe Klickzahlen haben, besonders gut abschneiden und auch empfohlen werden. Diese Inhalte werden dann auch die User, die dem Empfehlungsservice vertrauen, wieder anklicken, worauf sich die absolute Klickzahl dieses Contents wieder erhöht, und so weiter und so fort. Frei nach dem Motto „der Teufel bedient immer den größten Haufen"[6] optimiert sich so das Angebot in Richtung Mainstream, während anderer, eventuell interessanter Content zunehmend in der Versenkung verschwindet.

Der Rückkopplungsprozess geht aber noch weiter. Stellen sich spezielle Inhalte als besonders publikumswirksam heraus, so wird im Zuge von Generieren von neuem Content natürlich bevorzugt Inhalt produziert, der dem oft selektierten Inhalten ähnlich sein wird. Dabei bildet sich selbstorganisierend ein Phänomen heraus, das wir schon aus sozialen Netzwerken kennen, das Phänomen der Filterblasen, die sich immer schärfer um Teilräume des gesamten Angebots zusammenziehen, während der Rest des Angebots immer mehr an Bedeutung verliert.

Es ist also nicht so, wie Internetenthusiasten gerne behaupten, dass durch soziale Netzwerke, zu denen auch YouTube zählt, die „unendliche Vielfalt von menschlichen Äußerungen" objektiv abgebildet würde. Dieses Bild wird verzerrt durch das Phänomen der Filterblasen, sodass Beiträge, die außerhalb eines gewissen Mainstreams[7] liegen, schwer auffindbar

---

[6] Die Wortwahl wurde aus nachvollziehbaren Gründen leicht geändert.

[7] Nebenbemerkung: Es gibt nicht den Mainstream, sondern es gibt viele verschiedene Gruppen, die eine signifikante Zahl an Anhängern haben.

sind und an Bedeutung verlieren. Die Sachlage hat gewisse Ähnlichkeiten mit dem Parteiensystem z. B. in Deutschland, bei dem die Vielschichtigkeit an politischen Standpunkten in ihrem Einfluss durch die 5 %-Klausel stark eingeschränkt wird. Diese Filterblasen bewirken etwas, das ich analog zur belebten Welt als „Artensterben" bezeichnen möchte. Die Vielfalt in der Landschaft der verschiedenen Inhalte und Stile verringert sich. Der Recommendation-Service arbeitet also bei diesen Zielvorgaben als Mainstreamverstärker. Modifiziere ich die Zielvorgaben, werde ich im Schnitt anderes User-Verhalten induzieren und anderen Content in den Vordergrund rücken.

Die Kunst, Menschen in ihrem Verhalten zu beeinflussen, ohne dass diese Menschen die Steuerung bemerken, nennt man Nudging. Nudging ist momentan auch in der Politik ein viel diskutierter Begriff, erlaubt Nudging doch, Bevölkerungsgruppen in gewünschte Richtungen zu steuern, ohne mit Straf- oder Gewaltandrohungen arbeiten zu müssen. Dabei stellen sich im Prinzip Portale, die in Schleifen Empfehlungen anbieten, so wie oben beschrieben, als hervorragende Nudging-Werkzeuge heraus.

Wie allgemein bekannt ist, wird YouTube ausgiebig genutzt, um Filterblasen aufzubauen. Nicht wenige vor allem aus dem jüngeren Publikum wünschen sich, Karriere als YouTuber zu machen, Influencer zu werden. YouTube bietet dafür sein Channel-Konzept an. Ein Influencer zu werden funktioniert am besten, indem man virale Botschaften kreiert, die unter der Verstärkerwirkung der eben beschriebenen Prozesse in sehr kurzer Zeit zu immensen Klickzahlen führen. Die Verbreitung solcher Botschaften über andere soziale Netzwerke beschleunigen diesen Prozess zusätzlich. Die meisten YouTube-Konsumenten sind gleichzeitig Mitglieder in anderen sozialen Netzwerken. Influencer-Marketing ist inzwischen ein bedeutendes Hilfsmittel, um die Verkaufszahlen von Produkten zu steigern. Wir wissen nicht, welche Strategien Google und damit YouTube wirklich verfolgen. Diese Firmen legen ihre Strategie nicht offen und sind dafür bekannt, ihre Bedingungen plötzlich und ohne Vorankündigung zu ändern. Wir stützen uns hier auf Plausibilitätsüberlegungen.

Allgemein kann man die These aufstellen, dass, je passiver Konsumenten sich beim Surfen im Durchschnitt verhalten, sprich den bequemen Empfehlungen eines Services hingeben, desto ausgeprägter wird die „Artenvielfalt" der Inhalte abnehmen. Diese Passivierung der User ist eine der Schattenseiten von Gadgets. Sie wirken oft bei vielen Usern als Schlafmittel für den kritischen Verstand.

Natürlich ist die Welt in ihrer Vielfalt noch viel komplexer. Wir haben einige Punkte herausgegriffen, die uns wichtig schienen. Wie alles haben auch das Internet, soziale Netzwerke, E-Commerce und Künstliche Intelligenz gute und schlechte Seiten. Es kommt ganz darauf an, wie wir es nutzen. YouTube kann z. B. auch eine Quelle von höchst interessanten Inhalten sein. Um diese zu finden, muss ich allerdings als User aktiv werden und darf mich nicht berieseln lassen. Der Feind sind nicht die Internetdienste, sondern die Passivierung der User, ein Verhalten, dass eindeutig unter dem Einflussbereich des „inneren Schweinehunds" liegt. Brot und Spiele waren ein Erfolgsrezept, das schon die alten Römer kannten und weidlich ausnutzten. Aus dem Blickwinkel solcher Grundmechanismen gesehen, hat sich da heute noch nicht viel geändert. Es liegt an uns einzelnen Usern, uns nicht einfach zu Mitgliedern der „Matrix" machen zu lassen und, ohne es wahrzunehmen, dabei Zwecken zu dienen, die nicht die unsrigen sind.

5

Zusammenfassung und Ausblick

Nachdem wir uns eingehend über die verschiedensten Aspekte von Künstlicher Intelligenz im Zusammenhang mit E-Commerce auseinandergesetzt haben, kann man erst mal den Schluss ziehen, dass E-Commerce, wie viele andere Bereiche auch, sich permanent weiterentwickeln wird. KI spielt dabei eine Schlüsselrolle. Außerdem drängt sich die Vermutung auf, dass sich Lösungen, die die User auf ihren Endgeräten vorfinden, in gewisser Hinsicht in ihrer Benutzerführung vereinheitlichen werden, und zwar erst mal unabhängig davon, ob es sich um das Frontend eines sozialen Netzwerks, einer Video- oder Audio-Streaming-Lösung oder um E-Commerce handelt.

Das Ziel dabei ist, es dem Nutzer so einfach wie möglich zu machen, „interessante" Inhalte zu entdecken und zu nutzen. Dabei ist ein einheitliches Paradigma im Umgang mit verschiedenen Diensten sehr förderlich, da die Nutzer sich dann nicht mehr groß umstellen müssen, wenn sie von einer App zur nächsten wechseln. Umstellung kostet Energie. Außerdem fördert dieser Umstand den Trend, dass verschiedene Apps zu Meta-Apps verschmelzen, ohne dass der Übergang von einer App zur nächsten vom User deutlich wahrgenommen wird.

© Springer Fachmedien Wiesbaden GmbH, ein Teil von Springer Nature 2020
M. Bernhard, T. Mühling, *Verantwortungsvolle KI im E-Commerce*,
https://doi.org/10.1007/978-3-658-29037-5_5

Zu dieser Einheitlichkeit tragen natürlich die Endgeräte wie Smartphones erheblich bei, indem sie ein Set von sogenannten Gestures anbieten, die immer gleich interpretiert werden. Die typischen Gestures auf einem Smartphone sind „Drücken" „Wischen" und „Zoomen". Diesen Gestures passen sich auch in ihrem Look and Feel moderner Anwendungen an. Neu ist dabei, dass zunehmend KI eingesetzt wird, die dafür sorgt, dass ein User mit minimalen Aufwand dorthin gelangt, wohin er möchte. Die Systeme können also immer schärfer „vorhersehen", was der User als nächstes tun wird.

Es ist nicht anzunehmen, dass, wie man es öfters in Science-Fiction-Filmen sieht, eine Person eine komplizierte, an Gehörlosensprache erinnernde Gestik vor einem breiten Bildschirm ausführt, und der Bildschirm, begleitet von hohem Zirpen, dann mit der Darstellung ehrfurchtgebietender, komplizierter Grafiken reagiert. Es ist eher anzunehmen, dass die Gestures einfach bleiben werden, um auch ein Publikum zu erreichen, das für komplexe Dinge keine Vorlieben hat.

Wie sich das Look and Feel dieser Anwendungen, bei denen KI ein integraler Bestandteil ist, entwickeln wird, wird stark von der Entwicklung zukünftiger Endgeräte, in Fachkreisen auch Channels genannt, abhängig sein. Es ist anzunehmen, dass Sprachsteuerung immer wichtiger werden wird in einer Ära, in der sich der Kühlschrank via 5G mit dem Auto und der Waschmaschine unterhält. Wir haben kurz erläutert, dass semantische Suche und Interpretation, die ja der technische Background für Sprachsteuerung ist, als wesentlicher Bestandteil von KI eine Entwicklung in Richtung Perfektion nehmen wird.

Eine der wichtigsten Eigenschaften neuer, mit KI arbeitender Anwendungen ist, dass sie selbstoptimierend sind. Sie lernen aus der Reaktion der Kunden, um eine vorgegebene Zielgröße zu maximieren. Diese Zielgrößen – wir befinden uns im Zeitalter des Kapitalismus – werden Zielgrößen sein, die den Profit der Unternehmen, die die Services anbieten, maximieren sollen. Zusammen mit der unaufhörlichen Ausbreitung des Internets, und dessen Eindringen in immer mehr Bereichen des Lebens in immer größer werdender Detailtiefe[1] hat dies schwerwiegende Konse-

---

[1] Dies bedeutet eigentlich der heute besonders von Politikern gern benutze Begriff der „Digitalisierung".

quenzen. Wir haben kurz angerissen, wie sich vorgegebene Zielgrößen für Empfehlungsservices auf die Reichhaltigkeit des angebotenen Contents auswirken können. Wir haben auch zu zeigen versucht, wie soziale Netzwerke zu einer Meta-Organisation von Menschen führt, die eigentlich als System mit physikalischen Methoden bestens beschrieben werden kann. Und wir haben kurz darauf hingewiesen, wie das Denken in Nutzerprofilen implizit ein ganz bestimmtes Menschenbild fördert, dem nicht jedermann gewillt ist, so zu folgen.

Bezogen auf E-Commerce-Lösungen haben wir festgestellt, dass der Einsatz von E-Commerce z. B. im Vergleich zu Streaming-Portalen noch größere Anforderungen an die verwendete KI stellt und deshalb im Großen und Ganzen E-Commerce-Lösungen vielleicht der allgemeinen Entwicklung noch etwas hinterherhinken. Die Anforderungen im E-Commerce an KI haben wir unter dem Begriff des „digitalen Verkäufers" gebündelt. Wir haben als Antwort auf diese neuen Anforderungen den neuen Service My Stream kurz vorgestellt, der in der Lage ist, E-Commerce auf ein neues Level zu heben.

Abschließend wollen wir noch eine Metapher in den Raum stellen, die sich den Autoren immer wieder aufdrängt. Betrachtet man die Entwicklung des Internets, wie es wie ein großes Geflecht in immer mehr Lebensbereiche eindringt, so liegt ein biologischer Vergleich recht nahe. Die Lebensform der Pilze, nicht Pflanze, nicht Tier, geht ganz ähnlich vor. Dazu muss man sagen, dass ein Pilz nicht nur aus den netten Fruchtkörpern besteht, die bei bestimmten Arten gern in unsere Kochtöpfe wandern, sondern aus dem komplexen netzartigen Geflecht unter der Erde, das man Myzel nennt.

Dabei verzehren Pilze auf der einen Seite vornehmlich totes oder todgeweihtes organisches Material, indem sie in es eindringen und es auflösen. Auf der anderen Seite bilden sie z. B. in einem Wald ein weiträumiges unterirdisches, engstes mit den Wurzeln auf zellularer Ebene verbundenes Kommunikationssystem zwischen den Pflanzen aus. Die Frage ist nun, welches der beiden Aspekte dieser Metapher ist letztendlich als Vergleich für das intelligente Internet passender? Diese Frage ist, so denken wir, eine der Fragen, die man differenziert betrachten muss.

Leute, die dem Transhumanismus nahestehen, feiern das Internet als neues Nervensystem der Menschheit. Ihre Vision besteht darin, dass durch eine symbiotische Vernetzung von Biologie und Technik eine neue, überlegene Mensch-Maschine-Spezies entstehen wird. Andere Gruppierungen sind der Überzeugung, dass die zunehmende und auf Vollständigkeit zielende „Entschlüsselung" des Universums dieses, quasi von innen heraus, verdaut und als digitalisierten Nahrungsbrei einer fremdartigen, alles beherrschenden technischen Struktur zur Verfügung stellt. Dieser Verdauungsprozess ist gerade dabei, Grundfeste unseres Daseins, die sich in Begriffen wie „Seele" und „Geist" manifestieren, aufzulösen.

Pragmatisch gesehen ist die inzwischen existierende Möglichkeit, KI dank entsprechender Entwicklungssysteme in Massen zu produzieren, dabei, auf der Grundlage von Big Data die Welt zu verändern. KI ist eine logische Konsequenz von Big Data. Strukturell gesehen wird die Menge der erhobenen Daten vernetzt, wobei Daten höherer Ordnung entstehen, die dann wieder vernetzt werden können. Genauer gesagt ist es eine aktive Vernetzung der Metadaten als Platzhalter für entsprechende Einzeldaten, die dann Knoten genannt werden, so wie wir es im Kapitel über künstliche neuronale Netze detailliert ausgeführt haben. Dadurch tun sich neue Welten von Anwendungen auf, nützliche und gefährliche. Viele davon werden Mensch und Gesellschaften tief greifend verändern, vor allem wenn es sich um global agierende Anwendungen handelt, die über das Internet Milliarden von Usern erreichen. Einige Punkte aus diesem Bereich haben wir in diesem Buch angesprochen.

Soweit könnte man sagen, wenn wir in unserer konstruierten Metapher bleiben wollen, befinden wir uns auf der Seite der Symbiose zwischen „Pflanze" (Mensch) und „Pilz" (Internet) auch wenn es dabei eine Menge von „schwarzen Schafen" unter den Anwendungen geben mag und so manche Symbiose zu Systemzuständen führen mag, die man so nicht haben will. Aber kein Mensch wird den Glauben an die Seele verlieren, nur weil ein Taschenrechner Zahlen weit besser multiplizieren kann als er selbst.

Kritisch wird es dann, wenn sich das neue System aus sich selbst vernetzenden Daten[2] als letztendliche Wirklichkeit darstellt, der auch biologische Systeme unterworfen sind. So als hätte man die Weltformel für

---

[2] Wobei die beteiligten Entwickler im biologischen Vergleich so etwas wie Enzyme verkörpern.

Komplexität, Leben und Geist bereits gefunden, während die Physik mit der naturwissenschaftlichen Weltformel noch erhebliche Probleme hat. Bezeichnenderweise sind für Protagonisten dieser Anschauung die Erkenntnisse der Naturwissenschaften, die ja die Basis für die geistige Weltformel darstellt, nicht nur unabänderlich wahr, sondern auch im Prinzip vollständig.

Das heißt mit anderen Worten, jedes Phänomen in diesem Kosmos kann prinzipiell mithilfe der Naturwissenschaften vollständig erklärt werden, insbesondere auch die Phänomene, die in Gehirnen entstehen, wie z. B. Bewusstsein. Speziell wird oft eine direkte assoziative Verbindung von künstlichen neuronalen Netzen zum Gehirn als Motivation aus dem Hut gezaubert. Auf den ersten Blick haben die Strukturen von künstlichen und natürlichen Nervengeflechten auf einer gewissen Abstraktionsebene schon eine frappierende Ähnlichkeit. Aus diesem Grund haben wir in diesem Buch öfters Analogien aus dem Bereich der unbelebten Natur herangezogen, um aufzuzeigen, dass künstliche neuronale Netze durchaus mit wesentlich einfacheren physikalischen Systemen strukturell verwandt sind.

„Wissenschaftler", die ein materialistisches Dogma über Gehirn, Bewusstsein und Geist propagieren – und davon gibt eine ganze Menge – beherrschen in den allermeisten Fällen perfekt die Kunst der Reduktion. Phänomene, die nicht ins Bild passen, werden einfach weggelassen, dafür werden Behauptungen, die für ihre Beweisführung notwendig sind, medienwirksam durch aufwendige Computeranimationen in Szene gesetzt, sodass jeder Laie überzeugt wird, die von einem begabten Computergrafikspezialisten erzeugten Kunstwerke würden eins zu eins der Wirklichkeit entsprechen. Das Fernsehen und auch YouTube ist voll von solchen „Dokumentationen", wahrscheinlich, weil sie größere Einschaltquoten erzielen, als seriöse Beiträge, die es auch gibt.[3] Diese reduzierten Schöpfungsgeschichten und Welterklärungen werden von erstaunlich vielen, vor allem jungen Leuten geglaubt.

---

[3] Eine bemerkenswerte Erscheinung ist z. B. der Physiker und Philosoph Harald Lesch, der es meisterlich versteht, fundiertes, differenziertes Denken mit publikumswirksamen Präsentationstechniken zu verbinden.

Betrachtet man diesen Kontext, so befinden wir uns auf der destruktiven Seite unserer Metapher. Differenzierte, verschiedenartige Seelenzustände sterben aus. Zurück wird eine große Menge von Menschen bleiben, deren Lebensziel darin besteht, Konsument ihres von außen optimierten Selbst zu sein. Während in letzter Zeit das Bewusstsein für die katastrophalen Auswirkungen eines Klimawandels stark angestiegen ist, gibt es nur wenige, die vor den Folgen eines ungebremsten Glaubens an den technischen Fortschritt, speziell im Bereich KI, warnen. Wir glauben, dass beide Phänomene letztendlich Ausprägungen eines noch tiefer liegenden Phänomens darstellen. Wir wollen aber dieses Buch nicht mit dystopischen Visionen beenden. KI hat durchaus gute Seiten und eröffnet ganz neue Perspektiven. Wichtig wird sein, dass wir uns der im Hintergrund arbeitenden Modelle und dabei verfolgten Zielen bewusst sind und unsere eigenen Entscheidungen bzgl. der Nutzung und der Intensität der Nutzung treffen. Wir hoffen, dass wir dies am Beispiel E-Commerce deutlich machen konnten.

Glossar

API Abkürzung für Application Interface. Bezeichnet eine genormte Schnittstelle zu einem Programm oder zu einem Service

AI, KI Abkürzung für Artificial Intelligence bzw. Künstliche Intelligenz

Affiliate Marketing Spezielle Form des Internetmarketings, bei dem ein Anbieter mittels Partnern seine Inhalte in allen möglichen Webseiten als Werbung platziert

Agentenszenario Von den Autoren benutzte Bezeichnung für eine Klasse von selbstorganisierenden Algorithmen; auch künstliche neuronale Netze gehören zu den Agentenszenarios

Algorithmus Eine Reihe von zusammenhängenden Rechenvorschriften, die von einem Computer ausgeführt werden können und dem Rechner ermöglichen, eine gegebene Aufgabe zu lösen

Axiom Grundlegende Behauptung, oft im Kontext von Mathematik und Naturwissenschaften, die nicht mehr weiter hinterfragt werden kann. Alle anderen Aussagen in dem Bereich, wo bestimmte Axiome gelten, müssen von diesen Axiomen abgeleitet werden können.

Channels Bezeichnet verschiedene Kanäle, um mit einem User in Kontakt zu treten SMS und E-Mail sind Beispiele für Channels

© Springer Fachmedien Wiesbaden GmbH, ein Teil von Springer Nature 2020
M. Bernhard, T. Mühling, *Verantwortungsvolle KI im E-Commerce*,
https://doi.org/10.1007/978-3-658-29037-5

Chatbots Programme, die auf Internetseiten selbsttätig mit Usern in eine sprachliche Kommunikation eintreten. Oft tarnen sich Chatbots in sozialen Netzwerken als reale User, um in bestimmten Bereichen Einfluss zu nehmen. Eine seriöse Form des Einsatzes von Chatbots ist z. B. die automatisierte Beantwortung von E-Mails

Clickworker Phänomen des Internetzeitalters. Clickworker sind Personen, die, oft in Heimarbeit, vorgegebene, sich wiederholende Aufgaben an einem Computerarbeitsplatz mit Internetzugang erledigen, die Computer heute (noch) nicht in ausreichender Qualität bearbeiten können. Dazu gehören z. B. Markierung von zweifelhaften oder anstößigen User-Beiträgen in sozialen Netzwerken und auch Extraktion von neuen Produkteigenschaften aus Beschreibungstexten und Bildern

Client Gegenstück zu einem Server. Dieser Begriff wird oft für den Programmcode auf Internetseiten benutzt, der mittels einer grafischen Benutzeroberfläche mit Usern in Verbindung tritt und mit einem Server in Verbindung steht

Clusteralgorithmus Versucht, eine Menge von mehrdimensionalen Daten in verschiedene Gruppen (Cluster) aufzuteilen, sodass sich die Daten innerhalb eines Clusters möglichst ähnlich, die Cluster untereinander aber möglichst unähnlich sind

Collaborative Filtering Grundalgorithmus für Produktempfehlungen. Man kennt diesen Algorithmus in seiner ursprünglichen Form durch den Satz: „Kunden, die dieses Produkt gekauft haben, haben auch folgende Produkte gekauft"

Confusionmatrix Spezielle Matrix, mit deren Hilfe man die Güte eines Klassifikationsmodells bestimmen kann

Conversion Rate Bezeichnet in einem Webshop z. B. das Verhältnis der Anzahl von Besuchern eines Shops, die etwas gekauft haben, zur Anzahl der Besucher insgesamt. Die Conversion Rate wird oft als relatives Maß benutzt, um die Wirksamkeit von Maßnahmen, wie die Nutzung eines Empfehlungservices, zu messen

Customer Journey Weg eines Kunden durch verschiedene Phasen eines Einkaufsprozesses

Datamining Bezeichnet ein Vorgehen, um mittels spezieller Programme Strukturen, Zusammenhänge und Auffälligkeiten in komplexen Datenmengen zu finden

Datensilos Umschreibung des Tatbestands, dass für einzelne Webshopservices, wie Produktempfehlungen, Produktsuche etc. die jeweils dafür notwendigen

Daten in eigenen Bereichen, den „Datensilos", gehalten werden, ohne dass es eine Verbindung zwischen diesen Datenbereichen gibt

Deep Learning Deep Learning ist ein zentraler Begriff in der modernen KI. Deep Learning ermöglicht es, durch spezielle mehrschichtige künstliche neuronale Netze (Deep Neuronal Networks) sehr komplexe Zusammenhänge in Daten zu lernen

Dialogbasierte KI Künstliche Intelligenz, die durch Interaktion mit Usern, quasi im Dialog, lernt

Digitaler Verkäufer Ein in diesem Buch verwendeter Begriff für das Webshop-Pendant eines Verkäufers im stationären Handel

Digitalisierung Globaler Trend, so viele Lebensbereiche und technische Prozesse wie möglich digitaler Datenverarbeitung zugänglich zu machen und über diese Datenverarbeitungsprozesse zu steuern. Dazu ist vor allem auch der Ausbau entsprechender Infrastrukturen eine notwendige Voraussetzung

Eclipse Name eines weit verbreiteten Entwicklungssystems für Java-Anwendungen

Emergenz Bezeichnet das Auftreten von neuen Phänomenklassen auf der Basis von interagierenden Systemen. So ist z. B. ein Stau ein emergentes Phänomen von Fahrzeugen auf Straßen mit hoher Verkehrsdichte. Das Verhalten des Staus folgt dabei eigenen Gesetzmäßigkeiten

Error Backpropagation Network Spezielles, aus mehreren Neuronenschichten bestehendes künstliches neuronales Netzwerk, das mithilfe eines speziellen Algorithmus, der den Gesamtfehler des Netzwerks minimiert, lernt

Feature-Vektor Geordnete Abfolge von Einzeldaten mit wohldefinierter Bedeutung, die verschiedene Einzeleigenschaften von jemanden oder etwas zusammenfassen

Filterblasen Phänomene, die u. a. in sozialen Netzwerken auftauchen. Filterblasen bezeichnen Gruppen miteinander verbundener Nutzer, die sich gegenseitig in ihrer Meinungsbildung durch Austausch sehr ausgesuchter („gefilterter") Beiträge bestätigen, was durch den Rückkopplungsprozess zur Verhärtung von Anschauungen führen kann und auch regelmäßig tut.

Gadget Kompaktes Etwas mit mehreren Einzelfunktionen, das auch in der Handhabung etwas Spielerisches aufweist. Ein Schweizer Taschenmesser oder auch ein Smartphone gehören zu den Gadgets. In diesem Buch werden spezielle Widgets als Gadgets bezeichnet

Gamification Design eines Programms oder Gegenstands, sodass es in der Bedienung einen spielerischen Umgang ermöglicht

Graph Begriff aus der Mathematik, der eine Menge von Einzelknoten beschreibt, von denen jeder Knoten mit einer Menge anderer Knoten in einer qualifizierten Beziehung stehen kann. Die Knoten werden meistens als kleine Kreise, die Verbindungen als Linien zwischen diesen Kreisen bildlich dargestellt. Graphen bilden das grundlegendste Konzept von strukturalistischen Betrachtungsweisen

Gestures Typische Handbewegungen auf dem berührungssensitiven Display eines Geräts, z. B. eines Smartphones, wie Wischen, Klicken, Finger spreizen, denen eine genormte Reaktion des Geräts zugeordnet ist. So führt als Beispiel das Spreizen der Finger auf dem Display zu einem Zoom der Darstellung

GUI Abkürzung für Graphical User Interface. GUI bezeichnet eine Benutzeroberfläche mit grafischen interaktiven Elementen

Hebb'sche Regel Die Hebb'sche Regel enthält eine der grundlegendsten Rechenvorschriften, um ein künstliches neuronalen Netzwerk iterativ zu trainieren. Sie wirkt jeweils auf die Einzelneuronen bzw. auf die Verbindungen zwischen den Einzelneuronen eines solchen Netzwerks

Headless Service Bezeichnet einen Service, also ein auf einem Server laufendes Programm, das durch Anfragen eines Clients seinen inneren Zustand (State) nicht ändert. Solche Services haben den Vorteil großer Effizienz

HTML HTML (Hypertext Markup Language) ist eine standardisierte Kunstsprache, die alle Webbrowser verstehen und die den Inhalt und das Verhalten einer Webseite vollständig definiert

Hyperpersonalisierung Unter Hyperpersonalisierung versteht man ein Vorgehen, um Vorlieben, Absichten (Intentionen) und Kundentypologie aus dem Verhalten eines Kunden auf einer Website zu extrahieren

Inferenz Inferenz, ein Begriff aus der Linguistik, ist in der technischen Realisation ein Vorgehen, das auf der Basis von Regeln, die oft in Form eines semantischen Netzes gespeichert sind, logische Schlussfolgerungen zieht

Influencer Person (oder Institution), deren Webpräsenz (häufig in sozialen Netzwerken) eine hohe Popularität genießt. Sie ist deshalb in der Lage, eine Gruppe von Usern, die regelmäßig die Veröffentlichungen des Influencers verfolgen (sogenannte Follower), gezielt zu beeinflussen

Java Java ist eine populäre, objektorientierte Programmiersprache. Viele auf Servern laufende Programme (Services) sind Java-basiert. Die Entwicklung von Java-Programmen wird heute durch sehr komfortable Entwicklungssysteme unterstützt (z. B. Eclipse)

JavaScript Skriptsprache der Wahl für Webbrowser. Skripte in JavaScript werden in den HTML-Code eingebettet und verleihen browserbasierten Anwendungen ihre heute fast grenzenlosen Möglichkeiten

Kampagnenmanagement Bezeichnet das Management von Kampagnen, z. B. die Versendung von Newslettern an vorgegebene Webadressen und mit vorgegebenen Inhalt. Ein Kampagnenmanagementsystem sorgt dafür, verschiedene Kampagnen komfortabel zu verwalten und auszuführen sowie durchgeführte Kampagnen auswerten zu können (z. B. Berechnung des Wirkungsgrads einer Newsletter-Kampagne anhand der Newsletter-Öffnungsrate)

Klassifikator Modell, das einen Satz von Inputdaten einer vorgegebenen Menge von Klassen zuordnen kann. Zum Beispiel ist ein neuronales Netz, das ausgibt, ob ein Bild eine Katze darstellt oder nicht, ein Klassifikator

Klickpfad Bezeichnet die zeitliche Abfolge der qualifizierten Klicks eines Kunden innerhalb einer gegebenen Website. Der Klickpfad stellt eine wesentliche Datengrundlage für viele intelligente Personalisierungsalgorithmen dar und wird über User Tracking gewonnen

Kundenbindungsprozess Verschiedene Maßnahmen, um einen Kunden an ein bestimmtes Geschäft zu binden. Im E-Commerce ist es z. B. gängig, Kunden, die einem Webshop bekannt sind, durch interessante Angebote in sogenannten Newslettern, die dem Kunden regelmäßig übermittelt werden, zum erneuten Besuch des Shops zu animieren

Liftkurve Spezielle grafisch darstellbare Funktion, anhand derer man die Güte eines Prognosemodells abschätzen und berechnen kann

Landingpage Eine für spezielle Ziele gestaltete Seite (z. B. Ankündigung eines Produkts) in einer Website. Eine Website kann viele Landingpages haben, von denen dann jeweils die passende in einem gegebenen Kontext (z. B. Link in einem Newsletter oder einer Online-Werbung) aufgerufen wird

Modell Abstraktion eines Prozesses, der eine Reihe von Inputdaten mittels Datenverarbeitung in ein oder mehrere Outputdaten transformiert

Neuron Bezeichnet in der Biologie eine spezielle Zelle in Nervengeflechten. In der Technik sind Neuronen die vernetzten Grundelemente eines künstlichen neuronalen Netzwerks

Nudging (Auf Deutsch „anstupsen") Techniken, mit denen man auf das Verhalten von Menschen Einfluss nehmen kann, ohne autoritär aufzutreten. Ein harmloses Beispiel für Nudging ist das Angebot von Rabatten beim Kauf von bestimmten Produkten

Nutzerprofil Datenstruktur, die einem User zugeordnet ist, die diesen in mehreren bis vielen Einzeleigenschaften klassifiziert und beschreibt. Nutzerprofile sind oft das verkäufliche Endprodukt von Datensammlern, also Unternehmen, die möglichst viele Daten von einem User abgreifen

Parametrisierung Zuordnen von Werten zu bestimmten, von außen zugänglichen Variablen (Parametern) eines Algorithmus. Durch Parametrisierung kann das Verhalten eines Algorithmus angepasst, verändert und optimiert werden

Personalisierung Ein großes Thema im Web. Technisch gesehen ist Personalisierung die Eigenschaft von Services, sich in verschiedenster Hinsicht individuell an die einzelnen User dieses Services (z. B. innerhalb eines Webshops) anzupassen

Persona Begriff, der viel in der Marktforschung verwendet wird und eine artifizielle Person bezeichnet, die in ihren Eigenschaften und Verhalten eine Gruppe von natürlichen Personen repräsentiert. Die Grundlage für Personas bildet meistens die Auswertung von Daten, die durch die Befragung einer repräsentativen Menge von Menschen in einem gegebenen Kontext gewonnen wurden

PIM Abkürzung für Product Information Management. PIM bezeichnet die geordnete Handhabung von Produktdaten. Das Product Information Management System spielt im Kontext von Webshops eine zentrale Rolle

Produktkatalog Zentrale Datenstruktur in einem Webshop. Der Produktkatalog, auch Productfeed genannt, enthält detaillierte Daten für jedes Produkt, das in diesem Shop erhältlich ist. Der Datensatz für ein Produkt enthält standardisierte Felder wie Bezeichnung, Beschreibung, Preis, Produktkategorie, Verfügbarkeit, URL der Abbildung etc., kann aber noch eine große Menge zusätzlicher Informationen enthalten. Der Produktkatalog wird in regelmäßigen Abständen (z. B. täglich) aktualisiert

Prognosemodell Hat die Aufgabe, aus einer Reihe von Vergangenheitsdaten einen Sachverhalt in der Zukunft zu prognostizieren. Ein denkbares Prognosemodell im Webshop ist ein Modell, das aufgrund des Verhaltens eines Kunden prognostiziert, ob dieser Kunde den Warenkorb kaufen wird oder nicht

Ranker Algorithmus, der bei einer Liste von Datensätzen (z. B. Suchergebnisse einer Suchanfrage) jeden Datensatz nach seiner Relevanz beurteilt und jedem Datensatz einen entsprechenden sogenannten numerischen Scorewert zuweist. Sortiert man dann diese Liste nach ihren Scorewerten, so liegen die besten Ergebnisse oben

Realtime-Service Service, der die notwendigen Berechnungen, um eine Serviceanfrage (Service Request) zu bedienen, in Echtzeit durchführt und keine statisch vorberechneten Daten ausgibt.

Recommendation-Service Service, der ausgehend vom Verhalten eines Users auf einer Website, z. B. einem Webshop, passenden Content bzw. Produktempfehlungen ausgibt

Reinforcement Learning Bezeichnet eine Technik, ein Modell inkrementell zu trainieren und zu verbessern. Für weitere Details verweisen wir auf den Abschn. 2.4.5 in diesem Buch

Segmentierung Synonym für Clustering (siehe Clusteralgorithmus)

Schwarmverhalten Wird durch Algorithmen simuliert, die mit künstlichen neuronalen Netzen verwandt sind und zu einer Algorithmenklasse gehören, die von uns Agentenszenarios genannt werden

Selbstlernende Modelle Ein Grundpfeiler der KI. Diese Modelle sind in der Lage, selbstständig Zusammenhänge zwischen vorgegebenen Inputdaten und Outputdaten (Zielvariablen) abzubilden, also zu lernen. Dazu benötigt man eine teilweise sehr große Anzahl von Beispieldatensätzen (Vergangenheitsdaten). Typische Vertreter der selbstlernenden Modelle sind künstliche neuronale Netze

Semantik Lehre von der Bedeutung von Zeichen, Zeichenfolgen und Begriffen

Semantisches Netz Graph, der Sachverhalte in Form von Begriffen als Knoten und deren gegenseitige Beziehungen als qualifizierte Verbindungen zwischen den Knoten darstellt. Semantische Netze sind die Grundlage von sogenannten Weltmodellen

Showroom Showrooms sind zum Teil zeitlich begrenzt verfügbare Ausstellungsflächen, in denen Webshops ihre Produkte ausstellen, um die mangelnde Erlebbarkeit von Produkten innerhalb eines Webshops zu kompensieren

Starke KI Geht von der Annahme aus, dass man alle wesentlichen Leistungen des biologischen Gehirns, einschließlich des Bewusstseins, rational verstehen, technisch nachbilden und in puncto Leistung sogar noch übertreffen kann

State Bezeichnet in einem Programm, das z. B. mit vielen Usern gleichzeitig interagiert, den Zustand aller wesentlichen Programmvariablen für einen gegebenen User und zu einem gegebenen Zeitpunkt. Bei Personalisierungsservices spielen States eine wesentliche Rolle.

Stickiness Maß dafür, inwieweit eine Website Kunden binden kann, sodass sie möglichst viel Zeit auf dieser Website verbringen und regelmäßig wiederkehren

Stylesheet (CSS) Bezeichnet den Teil im HTML-Code einer Webseite, der für das Look and Feel einer Website verantwortlich ist. Dort werden u. a. Schriftarten, Schriftgrößen und Farben festgelegt

Suchalgorithmus Ist auf der Basis eingegebener (auch falsch geschriebener) Stichworte in der Lage, passenden Content (z. B. Produkte eines Webshops oder Seiten des Internets) zu finden und beispielsweise als Liste zurückzuliefern

Supervised Learning Trainingsverfahren für selbstlernende Modelle. Dabei enthält jeder Datensatz aus den Trainingsdaten neben den Inputdaten für das Model auch die zu erwartenden Werte der Zielvariablen

Topseller Produkte in einem Webshop, die besonders häufig verkauft werden. Topseller können auch nach Bereichen differenziert werden (z. B. Jeans, Hemden, Schuhe … in einem Fashion Shop)

Tracking Cookies Cookies, die die Privacy Mechanismen von Webbrowsern umgehen und es ermöglichen, das Verhalten eines Users über Sitegrenzen hinweg aufzuzeichnen. Tracking Cookies sind aus der Sicht des Datenschutzes sehr zweifelhafte Erscheinungen

Transhumanismus In den 1970er-Jahren in den USA ins Leben gerufene Philosophie, die an den grenzenlosen technischen Fortschritt glaubt und die Zukunft des Menschen in der Verschmelzung von Biologie und Technologie sieht. Der Transhumanismus geht von der Annahme aus, dass die Welt vollständig durch Naturwissenschaften erklärbar ist und dass die fortschreitende Technologie zur Optimierung des Menschen eine neue Stufe der Evolution darstellt. Der Transhumanismus hat inzwischen, gerade bei der jüngeren Generation, eine erstaunliche Verbreitung gefunden, wobei man inzwischen zwischen verschiedenen Radikalitätsstufen unterscheiden muss. Die sogenannte „Starke KI" ist ein typischer Ansatz des Transhumanismus

Unsupervised Learning Trainingsverfahren für Clusteralgorithmen und ähnliche Verfahren. Beim Unsupervised Learning enthalten im Gegensatz zu Supervised Learning die Trainingsdaten keine Zielvariablen.

URL Abkürzung für Unique Resource Locator. URL bezeichnet eine eindeutige Internetadresse.

User Tracking User Tracking ermöglicht es, die Aktionen eines Users auf einer Website zu verfolgen und zu speichern. User Tracking wird durch Einbau einer sogenannten Tracking-API in die entsprechende Website ermöglicht. User Tracking ist unter anderem auch die Voraussetzung für den Einsatz von Empfehlungsservices.

Vergangenheitsdaten Selbstlernende Modelle werden oft (Ausnahme: Reinforcement Learning) mit Vergangenheitsdaten trainiert. Dabei wird regelmäßig nur ein Teil dieser Daten zum Trainieren des Modells benutzt, der andere Teil wird für die Validierung des Modells zurückbehalten

Validierung Prozesse, um die Güte eines Modells zu bestimmen. Dazu wird der Output eines Modells für eine Menge von Inputdaten mit den bekannten Zielgrößen verglichen und eine entsprechende Fehlerstatistik erstellt

Widget Bezeichnet eine Komponente, realisiert durch einen meistens komplexen HTML-Code, der in einem Browser für die vollständige Darstellung, Interaktion sowie für die Kommunikation mit eingebundenen Servern in einem vorgegebenen Browserfensterbereich zuständig ist

Zelluläre Automaten Eine weitere Klasse von Algorithmen, die neben künstlichen neuronalen Netzen und künstlichen Schwärmen von den Autoren den sogenannten Agentenszenarios zugeordnet werden. Ein populäres Beispiel für einen zellulären Automaten ist das bekannte „Spiel des Lebens"

Zielvariable Wert, der von einem Modell bei gegebenen Inputdaten pro eingespeistem Datensatz ausgegeben werden soll

The manufacturer's authorised representative in the EU is Springer
Nature Customer Service Centre GmbH, Europaplatz 3, 69115 Heidelberg,
Germany. If you have any concerns regarding our products, please
contact ProductSafety@springernature.com

Printed and bound by CPI Group (UK) Ltd, Croydon, CR0 4YY

28/04/2026

02098537-0003